平屋に暮らす

tutto

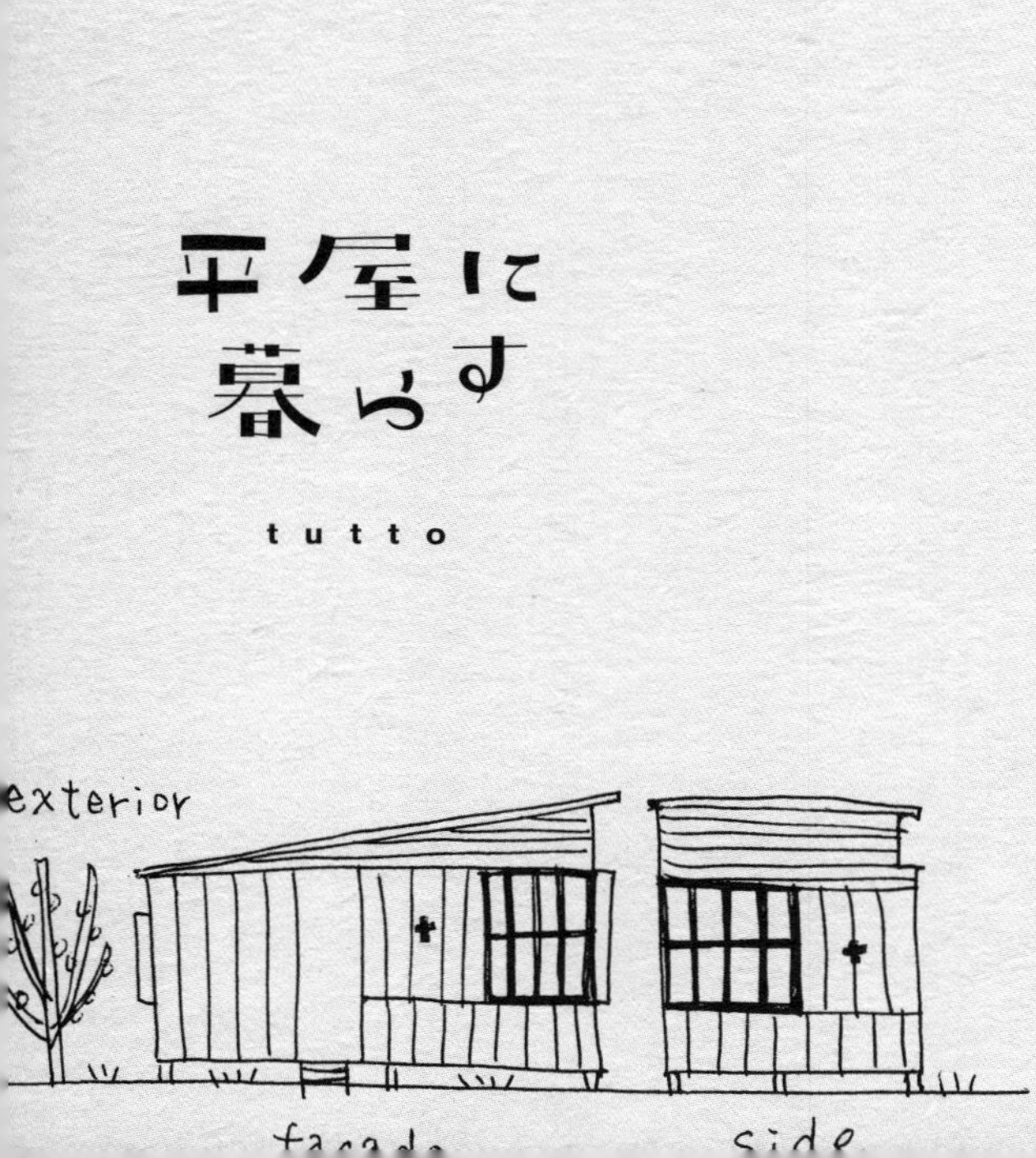

はじめに

どんな家に暮らしたいか。夢を描くように想像を膨らませてみます。人がたくさん集まれる広いリビングが欲しい、趣味に没頭できるプライベートスペースに、可愛い子ども部屋、そしてモダンなシステムキッチンに、そうそう、収納だってたっぷりあったら便利だし…。飽くなき欲望を満たそうと頭をフル回転させてみますが、何だかしっくりこないのです。どうして？　何が足りないんだろう？　憧れをいっぱい詰め込んだはずなのに、モヤモヤした思いが胸の片隅に残ります。

ここにある写真に写っているのは「ヒアシンスハウス」と呼ばれる建物です。詩人で、建築家としても優れた才能を合わせ持っていた、立原道造が設計した小さな小屋。埼玉県浦和にある別所沼公園の敷地内に、ひっそりと佇むように建っています。公園を散歩する人や、スケッチなど楽しむ人が、時折こへやって来ては、何をするでもなく静かに時を過

ごしていきます。この建物が人々に与えているのは安らぎ。穏やかな空気に包まれた室内は、本来居るべき主である詩人の代わりに、あたたかな日だまりが人々を迎えているのです。何故なのでしょう、5坪にも満たない小さな木造の小屋に、こんなに心満たされるのは。

道造は23歳のとき（1937年〜1938年）、詩作をするための場所、そして週末を過ごすための場所としてこの地を選び、別荘のための、スケッチのような設計図を描きました。そこに描かれたのは、本当に必要最低限のスペースしか持たない質素な建物。けれど、そのなかに設置する家具のデザインは、ちゃんと考えられています。シンプルな木のベッドとテーブルとチェア。チェアの背には鎧戸と同じ十字架がアクセントとしてくり抜かれていて、とてもチャーミングです。それ以外に家具はなく、でも、蝋燭立てや照明の好み、つくり付けの棚に置

く本の並べ方、そして旗台を玄関脇に設置することなど、細部にまでこだわっていたことが伝わってくるスケッチからは、道造のロマンチックな夢と人柄をうかがい知ることができます。わずか、24歳でこの世を去った道造は、その夢を実現することはできませんでしたが、彼を愛する人々によって近年に実現。「ヒアシンスハウス」は、夢の継承を象徴する存在として別所沼の畔に建てられました。

そして、この夭逝《ようせい》した詩人の建物という空間に対する考え方は、今を生きる私たちに、確かな幸福感とは何なのかを、メッセージとして残してくれたようにも思えるのです。人が安らぎを感じたり穏やかでいるためには、それほど多くのものや広い空間を必要とはしないという真実を。

平屋という建物に注目したのは、そこに暮らす家族の連帯感に触れてみたいと思ったからです。階段で分断されることのない地続きの空間に感じる、家

族の気配や息づかい。どんな様子なのか、何をしているのか、振り向いて見守れる。ときに鬱陶しいけれど、それがあるからあたたかく絆は深まるのかもしれません。

本書では平屋に暮らす20軒の家族を取材しました。新築もあれば築１５０年以上の家もあり、趣味や嗜好もいろいろです。けれど、みなさんが語ってくれた言葉は同じ意味を持っていました。それは、平屋の安定感とでも言えばいいでしょうか。暮らしの場がすべて地面から繋がっていること、文字どおりの地に足のついた生活が送れることの素晴らしさ。

本当の豊かさや幸福観について、多くの人が真剣に考え始めた今だから、住まいのあり方も改めて考えてみたいと思います。平屋という建物は、私たちをその答えに導く、ひとつの手がかりを与えてくれる存在です。

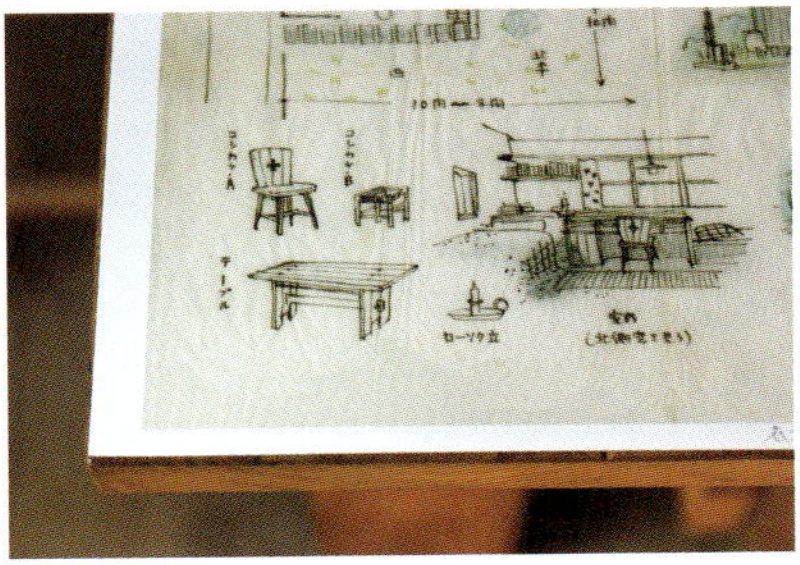

目次

渡辺有子さん

自分を律するように
住まいと暮らしを整える
凛とした空気が流れる
シンプルな家

料理家として忙しい日々を送る渡辺有子さん。その仕事の真髄は、極身近な食材で、誰もが知っている調理法で、奇をてらうわけでなく、けれど、飛びきり美味しい味を丁寧に紹介することにあります。時間短縮など、とかく手抜きをすることがもて囃されている昨今の料理を取り巻く風潮のなかで、地道にコツコツと、心と体にやさしい、今の日本の家庭料理を考えている料理家のひとりです。

　地に足が着いた暮らし、という言葉をあちこちでよく耳にしますが、それを実行することは思っているより大変です。忙しく仕事に追われる毎日を送る人にとって、普段の生活を心身ともに充実させるには人一倍のセルフコントロール力が必要となります。彼女はそ

背の高い生け垣に囲まれた住まいは、都内であっても静けさが守られているのがいい。

れができている。渡辺さんの暮らしを垣間見ると、現在の住まいに越してきた10年前から生活のリズムが崩れていないと感じるのです。多忙さは、年を経るごとに増しているはずなのに。

その秘訣は何なのか、手がかりとして、彼女の1日について聞いてみました。

「朝はだいたい6時すぎには起きて料理の仕込みをします。掃除をして部屋を撮影用に整え終えるのが9時頃、仕事を終了した夕方、後片付けと掃除をしてやっと一息。お茶などいただきリセットします。その後、プールに行くこともありますね。夜はレシピを考えたりデスクワークをして、1時頃就寝かな」

日々繰り返されるその営みのな

門柱から玄関にたどり着くと簡素なテーブルに植物が飾られている。元々あった下駄箱は白くペイント。季節を感じられる花をさり気なく活けていた。大袈裟でなく、シンプルに設えているのが渡辺さんらしい。

庭に面して洗濯物の干し場があり、そこにノスタルジックな屋根が付いている。心和む風景。

LD となるワンスペース
はふた間をひとつにした
空間。壁の棚はサイズに
合わせオーダーしたもの。

飾ることはしない、一生使える良質な家具を選ぶことで上級のインテリアに設えている。

椅子好き。ハンス・ウェグナーやチャーチチェアなどヴィンテージのものを大切に使っている。陶磁器やガラスの器もシンプルでナチュラルな色のものばかり、そのストイックさがインテリアに生きる。

かで、掃除とリセットするための時間を欠かさないことに注目しました。築50年以上の家は、掃除を欠かさないことで清潔感を保ち、凛とした空気を纏い、仕事の場として相応しい佇まいを得ている。このことは、そのまま彼女の仕事に対する真摯な姿勢の表れとして受けとめられます。また、仕事から解放されるときも、自分の場所への愛情として掃除をしているのでしょう。単調なようでいてメリハリのある毎日。その繰り返しが礎になっているから、渡辺さんのレシピは普通だけれど飛びきりなのです。

　シンプルに暮らす清潔感のある家は、渡辺さんそのものです。

キッチンの収納スペース
に置いているのはすべて
オープンシェルフ。整理
整頓がすこぶる上手い。

極普通のキッチン。だからこそ、彼女の考案するメニューは家庭料理に忠実なのだと感じる。

ほとんどが白などの色のない皿や鉢もの。そこに漆器の黒やナチュラルな木の色、ときどき銀が加わる器コレクション。浄水器やツール類を入れる容器、そして空き瓶入れにしたカゴにいたるまで、妥協していないことが伝わってくるものの選び方には脱帽。納得できるものだけを取り入れることで暮らしは煩雑にならず、住まいはすっきりと美しく整えられる、という見本。

右は、自身のために用意した昼ごはん。いつもだいたいこうした献立が多いそう。雑穀米とお味噌汁、野菜と鶏肉の蒸したもの。調理そのものはシンプルだけれど、素材や出汁にはこだわっている。それは美味しい家庭料理の基本。下は、お気に入りの台所用品。よいものを長く愛用するスタイルは、こうしたものすべてに貫かれて。

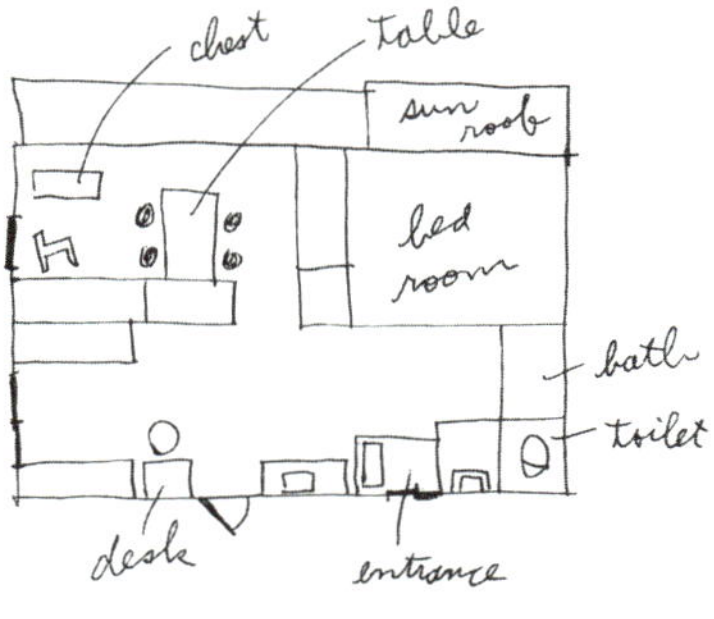

山口博之さん・圭さん

家族の暮らしから
設計の芽が育まれる
人と環境に寄り添う
建築家の住まい

向かって左の部屋を「建築意思」という設計事務所にしている山口さん宅。

山口博之さんは建築家です。京都の大学で建築を学んだ後、縁あって沖縄に引っ越してきました。沖縄が好きだから、この地に合った建築を手がけていきたいと、五感を働かせ、大工仕事も共に行いながら、個人宅の設計を手がけています。実は、本書で紹介している稲福剛治さん、梅原龍さんの家は山口さんによるものです。また、藤本健さんの家の設計にも相談役として参加しています。移住してきてまだ10年に満たないのに、着実に自分らしく仕事を進めている。人と、風土と、きちんと向き合ってきたからこその結果でしょう。そんな山口さん自身は、どんな家に暮らしているのか。聞けば平屋とのこと。さっそく訪ねてみました。

沖縄本島の南部、玉城村に暮らす山口さん一家。高台の古民家のまわりは濃い自然が圧倒的なエネルギーを放っている。その強い自然と折り合いをつけるような暮らし方が、ここでは要になっている。

山口さんは、奥さんの圭さんと息子の福太郎君、そして圭さんのお腹にもうひとり、だから4人家族です。5年前に、築50年にはなるというこの平屋に暮らし始めました。住居の一部は事務所にしているから、設計の仕事も当然ここで行われます。

「最初はここで仕事をすることに迷いもありました。子どもの騒ぐ声だったり、家族の生活の音がダイレクトに聞こえてきますから。正直うるさいなぁ、と感じることもあった。でもね、僕が手がけているのは普通の人々の家。つまり家と同じ。その人たちの暮らしを、僕自身が肌で感じられることはとても大事だと気づいてからは、ここで作業することが望ましいと思うようになりました」

仕事が終われば福太郎君と遊ぶ博之さん。生活と仕事の場が直結していればこそ、家族との時間も多く取れる。圭さんの手際よく家事をこなす姿と手づくりのもの干し台が、昭和の家庭を彷彿させる。

三間が横並びの中央に位置する部屋には、沖縄の伝統的な備えつけ仏壇がある。

普通の家族を応援するような家をつくりたい。日頃、山口さんがよく口にする言葉です。その意味がわかったような気がしました。料理をしているお母さんのそばで、子どもたちが宿題をしていたり、その隣でお父さんが新聞を読んでいたり、という風景。家族がひとつの空間を共有している姿が、きっと山口さんの頭のなかにはいつもあるのだと思います。

そして平屋は、建築家の目から見ても理に適っているそう。「ヒューマンスケールを超えない住まい。メンテナンスもお父さんの日曜大工的なことで何とかなったりしますからね」。平屋の魅力を、また発見しました。

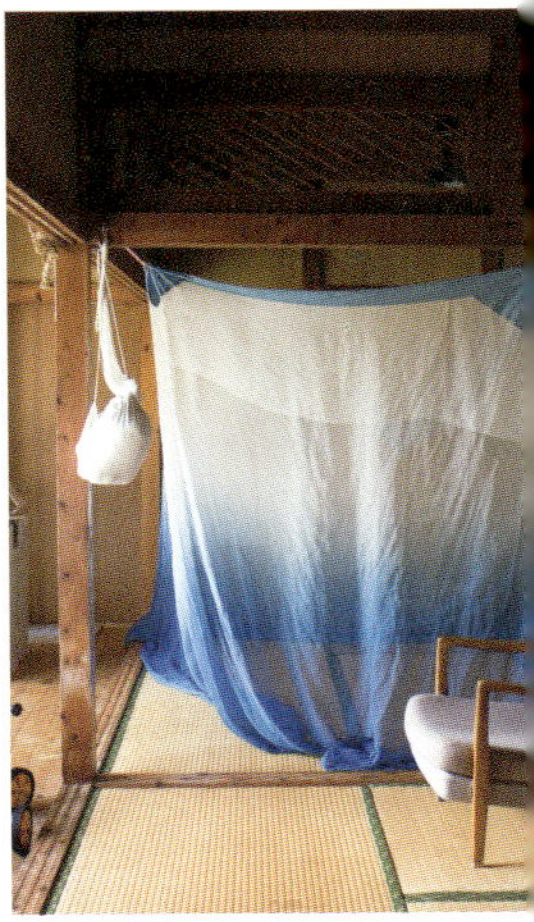

風の通りがよいので、エアコンがなくても涼しい古民家。夜は家族みんなで蚊帳のなかで眠る。そうした昔からの知恵を大切にしながら暮らすことが、山口さん家族の基盤になっているのが素敵。玄関の三和土や欄間の組子細工など、この家にはあちこちに美しい手仕事が施されていて、博之さんの仕事にも少なからず影響を与えている。

取材に伺った日、台所にいた圭さん。おにぎりや煮ものなど気の張らない料理を振る舞い、けっして大袈裟なことはしない。でも、それがあたたかく体に染み渡ったのは言うまでもないこと。普通だけれど、よく手入れされた台所と調理道具が輝くように見えた。

圭さんは、この台所で過ごす時間を大切にしている。家族を支える場所でもある。

右は、掃除道具をまとめたコーナー。箒やちり取り、カゴなどが置かれているだけで、何故が心和むディスプレーに見える。右下は、圭さんの愛読書や福太郎君の絵本などが収められた本棚。その上に、摘んだ花が活けられ果物がカゴに盛られ。それは、生活の美。

選んでいるものひとつひとつに揺るぎないセンスがある。だから飾ることをしなくても部屋はおのずと美しくまとまる。

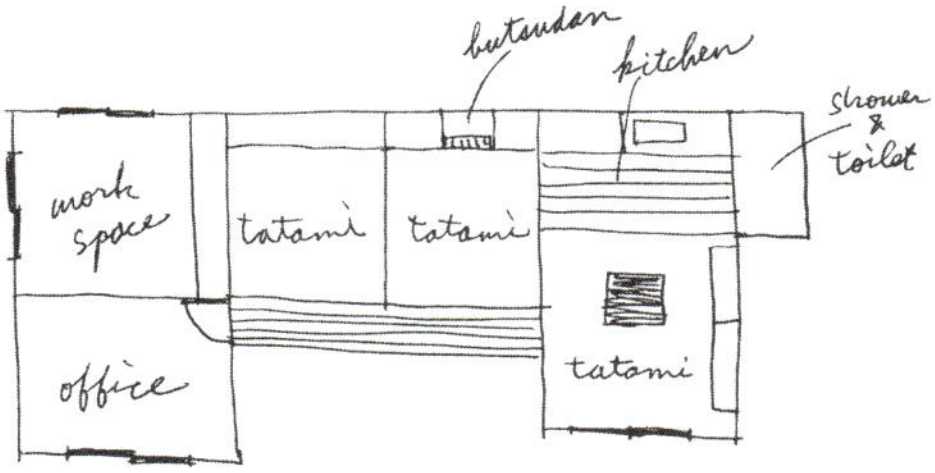

３点の写真は事務所スペースを撮影。手がけた建築の模型がアートのように展示されている。同じ建物の部屋でありながら、生活の場とは異なる緊張感がここにはある。部屋は、そこで営まれることで表情が変わるということを実感する。

古き米軍ハウスのコミューンにある新たな魅力と可能性暮らす喜びを見つけて

佐治俊克さん・あづささん

平屋が注目されるようになったきっかけのひとつには、いわゆる米軍ハウスと呼ばれる建物の存在が挙げられます。日本に駐留する米軍のための住宅として、各地に建設されたものが払い下げとなり、主に借家として一般に貸し出されるようになった住宅のことです。

沖縄には、当然のことながら多くの米軍ハウスが存在し、そのなかでも浦添市港川の、築50年にはなる60棟ほどの米軍ハウスの住宅街が、今注目を集めています。その集合体のなかには、美味しいレストランやパン屋やタルト専門店などもあり、どの店もセンスある店づくりで、ここの住民のみならず訪れる人々を楽しませているのです。

白い外壁にミントグリーンのドアや窓枠。ミッドセンチュリーな雰囲気が米軍ハウスに似合う。

家を囲むように庭があって、低い塀で敷地が区切られているだけなので閉鎖的にならない。また、隣家と密接しているようでプライベートスペースがしっかり確保される程よいスケール感が理想的な住空間。

東京から6年前に移住してきた佐治俊克さん、あづささん夫婦もこの街の住民です。

「沖縄には、よく遊びに来ていたんです。自然と文化が豊かなことに魅力を感じていました」と、語る俊克さん。グラフィックデザイナーという仕事柄、自宅でも作業することが可能なため、思い切って夫婦でこの地に暮らすことに決めました。

「琉球ガラスややちむんなど沖縄の手仕事に惹かれて、そうしたものの魅力を伝える仕事をしていけたらと考えています」というのは、あづささん。夫婦揃って沖縄の文化に熱い思いを抱いています。

住まいである米軍ハウスには特有の世界観があり、それは映画「アメリカングラフティー」の世界を

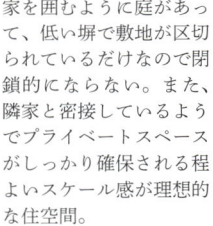

玄関のドアは二重構造でセキュリティーも万全。機能的なのも米軍ハウスの魅力。

玄関の扉を開けるとすぐにリビング。先ず目に入るキャビネットにお気に入りの器たちが。

具現化したような印象。佐治さん夫婦は、そのイメージに合わせ、家具などの調度品も米軍払い下げのものを中心に選んでいます。そこに、沖縄の手工芸品である琉球ガラスややちむんがアクセントとして加わり、オリジナリティになっているのが素敵です。

「東京にいた頃は仕事中心の生活でしたが、ここで暮らすようになり、仕事は生活のひとコマになりました。暮らしのリズムが変わったと思います」。俊克さんの言葉には、環境が与えてくれる豊かさに対する感謝がありました。それは、私たちが今一番大切にしたい事柄に繋がっているように思います。

住まいの雰囲気に合わせたミッドセンチュリーモダンなインテリア。愛用しているのはほとんどが米軍の払い下げの中古家具だけれど、コンディションのよいものを選ぶ審美眼はさすが。アクセントカラーにグリーンやオレンジのファブリックを利かせて、男性的な雰囲気になりがちなインテリアに華やかさをプラスしている。ふたりの好きなものをバランスよく同居させるテクニックは参考に。

タイル張りのシンクは今では珍しい。棚には野田琺瑯のケトルなど並べてアクセントに。たっぷり収納できる作りつけの戸棚など、システマチックな設計も優れている。

あづささんがコレクションする沖縄在住の作家による器の数々。「清天工房」や「日月」のグラス、「ナマケモノ工房」や興那原正守さんのやちむんなど、個性的で今の暮らしに取り入れたいと思える意匠のものばかり。伝統を踏まえ、進化している沖縄の手工芸の一端を感じる。

コンパクトながら収納も充分なキッチン。ノスタルジックな雰囲気がお気に入り。

俊克さんの仕事部屋。毎日、決まった時間帯はここで仕事をする。住まいで仕事をするためには、ダラダラしないセルフコントロール力が必要。部屋に入ると左側の壁は一面が収納庫になっている。これだけの収納スペースがあれば部屋もスッキリ片づけられそう。仕事部屋には緊張感も大切。

ご近所にあるパン屋「ippe coppe」のキュートなパッケージデザインは俊克さんが手がけた。美味しいパンやスコーンも買える店として大人気。沖縄県浦添市港川 2-16-1 ☎ 098-877-6189

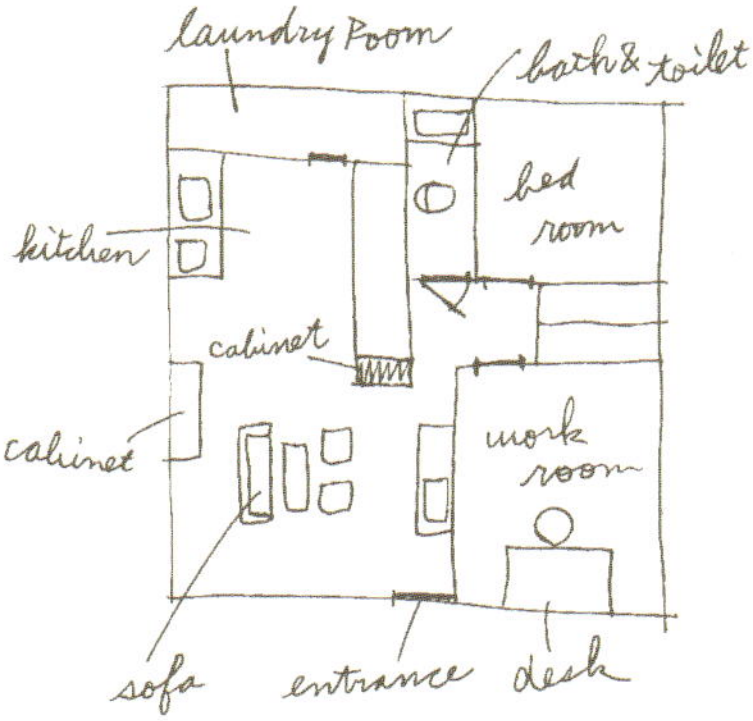

トイレとお風呂はワンスペースにある。白のタイルを基調にした清潔感のある空間にネイビーのシャワーカーテンがアクセントに。ゆったり足を伸ばせるバスタブもタイル張り。

伊藤信吾さん・ようこさん

暮らしがベースの仕事
プライベートが充実してこそ
自信を持つことができる
家はすべての中心にある

築 20 年の比較的新しい平屋。天気のいい日は庭でお茶をするのが楽しみでもある。

緑の多い地域だからこそ、広い庭から眺める借景も心和むことのひとつ。贅沢な環境もプライベートを充実させる。エマのドッグハウスもカワイイ。

この何年かで、大都市以外の街に魅力的な店が増えたと感じます。都会によくある大資本の会社がつくった店とは異なり、地方にある魅力的な店にはマーケティングとは関係なく、個人の思いが溢れていて、そのオーナーである人の考え方などが手に取るように伝わってくることに惹かれてしまうのです。そうした店が持つ求心力は年々大きくなっていて、昨今では、その店を訪れることを旅の目的に、わざわざ遠くから訪ねる人も多くなっているようです。

伊藤信吾さん、ようこさん夫婦が営むショップ&カフェ「Shingoster LIVING」も、そうしたカリスマ性を持った店です。

茨城県つくば市にあり、土蔵を改装した独特の佇まいはとても素

畳にキリムや絨毯を敷き和洋折衷のインテリアに、モダンな家具とアートが映える。

敵で、北欧の家具や日本の古道具などが違和感なく並ぶ店内の光景にワクワクして、ついつい長居してしまいます。

　そんな店を営む伊藤さん夫婦も平屋暮らしです。

「犬を飼っていることもあり、一軒家で庭のある物件を探しました。めぐり逢ったのがたまたま平屋だったのですが、住んでみて、よさを実感しています。地に足が着いている感じ、それは安心感にも繋がっています」

　その信吾さんの言葉には、この地が被災地のすぐ傍であることを物語っていました。茨城は東日本大震災で大きな揺れが襲い、伊藤さんの近隣の家屋は、壁が崩壊するなどの甚大な被害を受けています。そしてふたりは、この震災を

2部屋をワンスペースにし、LDスペースを広くしている。ここで過ごす時間が最も大切。

何々スタイルというようなこだわりはないけれど、機能的で美しいフォルムを持つものに惹かれる。北欧のもの、日本の手仕事、そうしたものを選ぶことが必然的に多くなる。ダイニングテーブルの上の天井には、大工さんの職人技が光る装飾が素敵。モダンな設えとよく似合う。

機に、それまで以上にものに対する思いも深まったといいます。「売れるもの、ではなく、本当にいいものを扱っていこうという気持ちが更に強くなりました。お客様から『いい買いものができた』といっていただけていることが誇りです」と、ようこさん。少なからず私たち日本人の価値観に影響を与えた震災。そのことは、もの選びという行為にも現れ始めています。

　伊藤さん夫婦が選ぶものには無理がない。店に並ぶものも、暮らしのなかで使いたいものが集められています。この家は、ふたりが自信を持って前に進むための基地のような存在です。

普段使いの器も、店で扱っているものを愛用している。北欧のもの、日本の作家もの、そして古いもの、どれも相性がよく、コーディネートすることでオリジナリティを発揮する。器づかいの工夫を考えるのも楽しい。

コーヒーミルは信吾さんの思い出の品。店を始めたばかりの頃デンマークで買いつけ、コーヒーを生業としていこうと決心したときの象徴。漆継ぎした古い染めつけの皿。店で漆継ぎのワークショップも開催。宮下智吉さんの漆の丸重も取り扱い商品。
「Shingoster LIVING」☎ 029-859-5127

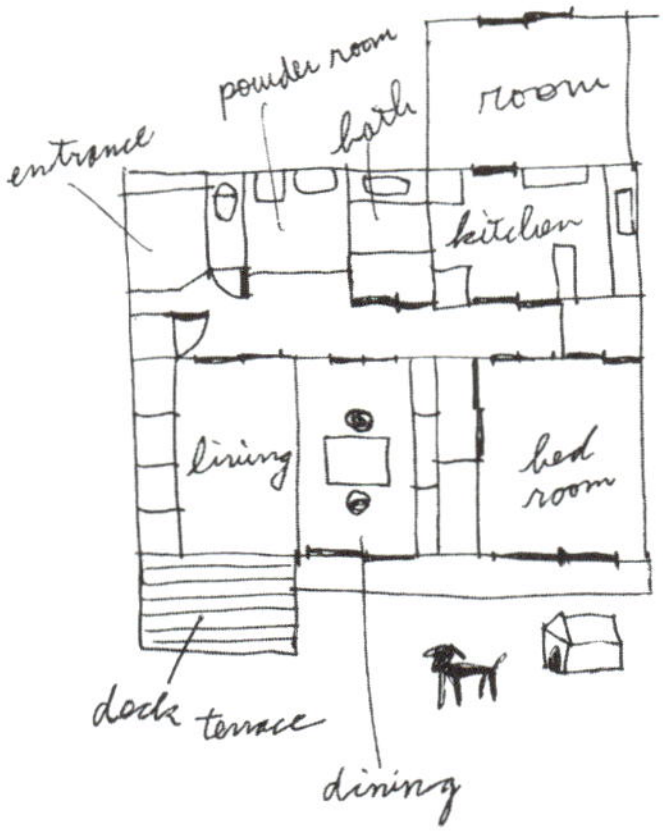

置いてあるものすべてが、ひとつひとつ吟味されたもの。ものを売る人の覚悟を感じる。

南里恵子さん

愛する人との思い出
そのすべてを包み込み
家は残された人を支える
あたたかな箱

飾り気のないシンプルな外観。簡素な佇まいを、きっと故人は気に入ったはず。

高台にある家からは、海を一望。豊かな自然、詩人でもあった人が愛した環境。

南里恵子さんの住まいは海沿いの町にあり、高台に建つ家からはキラキラと輝く波や、ゆっくりと行き交うボートを眺めることができる絶好のロケーションに恵まれています。この家で南里さんは、夫である美術作家の永井宏さんと9年という歳月を過ごしました。昨年亡くなった永井さんとの暮らしの断片が、今も部屋のあちこちに残されています。そのことは思い出であると同時に、愛する人の不在を伝え、確認させられるものでもあると思うのです。そんな家と向きあうことが、どんなに辛いことかは想像に難くありません。場所という存在が人に与える影響の大きさや深さを、今更ながら感慨深く感じます。

山小屋風の設えが素敵な平屋の

永井さんがアトリエとしていた小屋。ポーチに置いたチェアはお気に入りだった。

住まいを訪ねたとき、南里さんは庭掃除をしていました。それはきっといつもの日課。ずっと続けてきた日常の作業を滞りなく行うことは、自分のリズムを守ることに他なりません。その姿は、きちんと生きてきた人の、心の強さを物語っているようでした。

「永井がいた頃は、恥ずかしがるから部屋に作品を飾ることはあまりなかったの。でも今はね、あちこちに飾って楽しんでいるのよ」

永井さんの美術作品は、ユーモアと可愛さに溢れ、誰にでも親しみやすい無邪気さも内包しています。そうした作品が人を癒す力を持っていることは、言うまでもないこと。大きな窓から差し込む陽光に照らされて、作品の数々はあたたかく輝いて見えます。今はこ

アーチ型になったキッチンの入り口が素敵。暮らしのなかに取り込むように、永井さんの作品が飾られている。襖は取り払いワンルーム風に。鴨居を利用してフレームや小物を並べると、リズミカルで楽しい。

の部屋で、作者本人以上にその本質を伝え、ここに住む人を支える存在となっています。

「作品をつくるときは、いつも庭にある小屋でやっていたの。時には、一日中ぼんやり海を眺めていたこともあったわね」

　アーティストが愛したのは、溢れる光と、頬を撫でる海からのやさしい風と、そして天候の悪いときに見せる荒々しい自然と、その両方だったに違いありません。ここに暮らし続けることを決心した人は、そのすべてを受け入れ愛しむように、家と対話しているようでした。

庭に面した縁側、大きな掃き出し窓から続く LD はたっぷりの日射しが気持ちいい。

上の2点は、インテリアグッズとして楽しめる作品。こうした雑貨的な魅力を作品に落とし込むことがとても上手い人だった。カワイイの本質を理解していないと、つくれないものでもある。その感覚は南里さんにも共通していて、部屋全体のインテリアにも遺憾なく発揮されている。

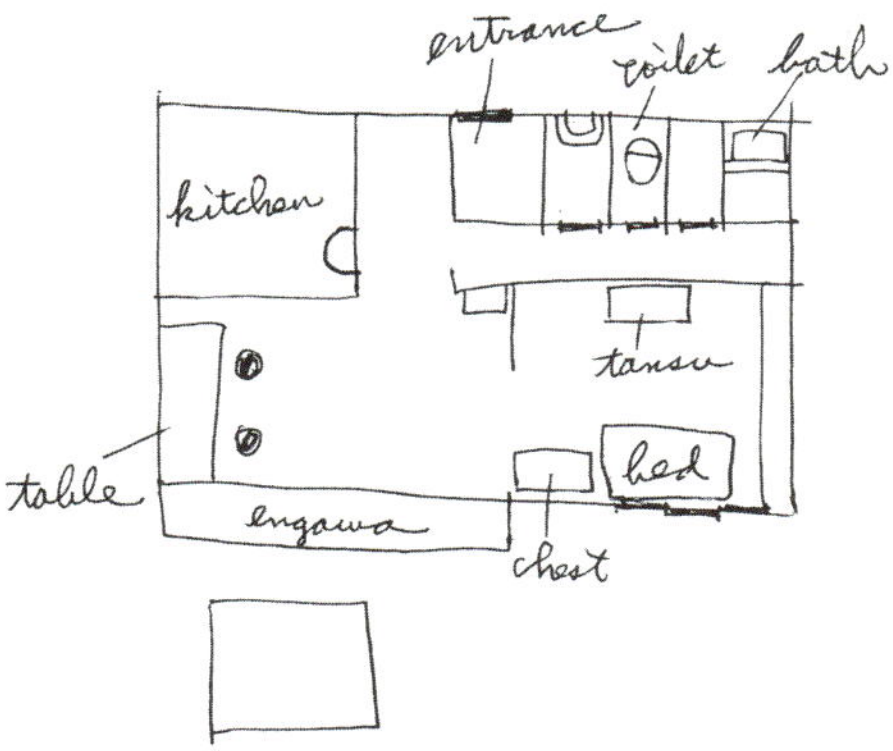

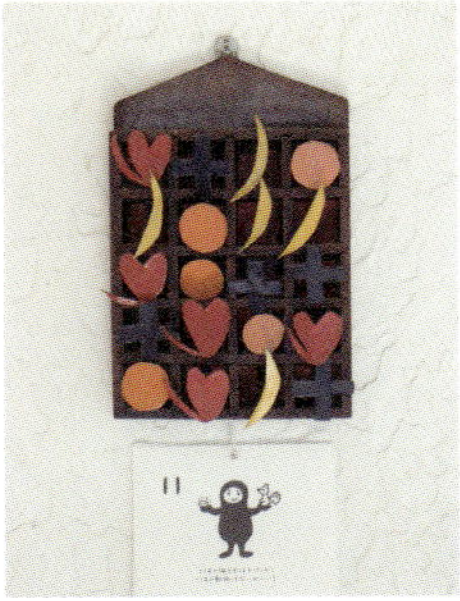

「髭のあるハート」と呼んでいたハートモチーフがあしらわれた作品。（上）友人たちの作品もインテリアに。

LDは、庭側と海側の2面が大きな掃き出し窓になっている。雑木林から覗く海を眺めながら、ダイニングテーブルでお茶をしたり書きものをしたり。

梅原龍さん・千恵さん

人と人を繋ぐ場所
公民館のような家は土地と人に育てられ
新たな文化を発信する

まるで一枚の絵を見るような、石灰岩が広がる家の裏側。自然そのものを取り入れた設計だ。

布絵画家の梅原龍さんがこの家を建てたのは6年前、本書で紹介している建築家の山口博之さんが設計を手がけました。山口さんにとって沖縄での初仕事でもあったこの家の建設は、梅原さんと山口さん、そして近隣の人々との絆を深める出来事にもなりました。敷地を誘致したのは、やはり本書で紹介している稲福剛治さんのお父さん、稲福信吉さんです。元々梅原さんが沖縄に来たのは、信吉さんが経営する「浜辺の茶屋」に一目惚れし、作品の展示をしたいと願ったことがきっかけでした。そうしたご縁で沖縄移住を決めた梅原さんは、この家を公民館のような場所にしたかったのだといいます。

「自分の家を建てるなんて考えた

建物のまわりにはガジュマルをはじめとする南国の力強い自然が鬱蒼としている。

こともなかったのに、いろいろな人の協力があって実現したんです。それも縁に恵まれたおかげ、その恩返しも含めて、今度は自分が人と人を繋ぐ役割を果たせたらいい」

梅原さんの思いは、設計の基盤になりました。プライベートな空間というよりオープンハウスのようなワンルームの家。海側になる正面は全面が掃き出し窓で、時々、見ず知らずの人も訪ねて来てしまうほど開放感に溢れています。そして、裏側には大きな石灰岩が壁のようにそびえ立っている。そのダイナミックさは自然そのものの力を物語り、見る者に畏敬の念さえ抱かせます。この地の自然と、人とを受け入れることで、自らもここに受け入れてもらえる存在に

縁側に座って眺める風景、天井の明かり取りの窓から見る空も、インテリアの一部。

龍さんがコレクションしているのは世界各国の古道具。作品のインスピレーションに。

ナチュラルな暮らしとＩＴを駆使した暮らしを無理なく取り入れている梅原さんの住まい方。このバランス感覚のよさが、今の私たちのリアルな生活に必要なのだと感じる。

家のなかにも庭にも、アイアンのオブジェがあちこちに飾られている。祖父の友人がこしらえたもの。

なること。梅原さんが望む沖縄での役割は、この家をとおし着実に歩を進めています。

そのひとつの試みとして、ミュージシャンを招いてミニライブを開催したり、自らの作品を展示しながらのポエトリーリーディングだったり、人と人を繋ぎながら新たな文化の発信も行っているそうです。

そして、1年前に結婚した梅原さん。家族となった千恵さんと、お腹のなかにいる子どもとの新たな生活が始まります。家のまわりにしっかりと根を張るガジュマルの木のように、沖縄での暮らしは、これから益々力強く根づいていきそうです。

古布や印刷物などを素材にして描かれる梅原さんの布絵作品。テーマになっているのは旅先で感じたこと、まわりの自然や人から得たもの。それぞれが繊細なタッチでやさしさに満ちている。

キッチンはワンルームにプラスする形で設計されている。窓辺にはフルーツを並べ、お気に入りのシェードを取りつけカフェのような雰囲気に。

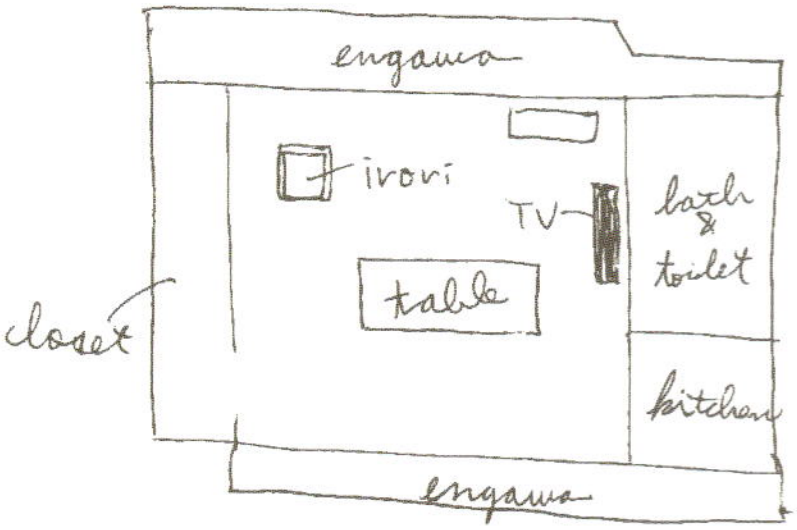

仕事柄、旅が多い
梅原さんにとって、この家の縁側で家族とのんびり過ごすのが至福の時でもある。

稲福剛治さん・麻里さん

キッチンを中心にした 箱のような家には シンプルな暮らしと 人を繋ぐやさしさがある

稲福剛治さんと麻里さんは結婚したばかりのカップルです。麻里さんは取材に伺った日の数日前に引っ越して来たばかり。だから、「まだ自分の家という実感はないですね」というのも当然のこと。1年前の夏に建てられたこの家は、剛治さんの姉の家と隣接する形でつくられました。元々、祖父の畑だった場所に仲良く並ぶように、家族の繋がりを象徴するように、緑の草花が生い茂る土地に、剛治さんはワンフロアの箱のような住み家を建てたのです。

「人が集まってくれる家にしたかった」。剛治さんは人と人の繋がりをとても大切にしています。それは、沖縄の人々が昔から守ってきた生きる知恵でもあるのです。もちろん、それは沖縄に限っ

畑だった土地に草花が生い茂りまるでカーペットのよう。自然との一体感がたまらない。

右は姉の家。外壁には剛治さん自らが手がけた焼杉を使用している。

犬のモモは蓮の咲く池が大好き。門壁には壁掛けシーサーが、沖縄らしさを演出して。

た知恵ではありませんが、人との繋がりが希薄になってしまった昨今の日本において、沖縄には、まだその知恵が根強く残されているように感じられます。

人と人を繋ぐ役割として、ワンフロアの中心的存在を担っているのがキッチン。カウンターで囲むように設えられたオープンキッチンは、集まったみんなで料理ができるようにと考えた結果のスタイルです。料理をする人が孤立することのない開放感のあるスペースづくりは、嫁いで来たばかりの麻里さんにとっても、嬉しい配慮であることは間違いありません。麻里さんがお茶をいれてくれている間、遊びに来ていたご近所さんとカウンター越しに会話がはずむ様子がとても自然で、それがこの家の魅力なのだとしみじみ感じたのです。

「都会では味わえない自然との一体感が何より気に入っています」と、麻里さん。大きく張り出した縁側と庭の緑との境界線は曖昧で、アウトドアリビングという言葉がまさにぴったり当てはまる空間。夕暮れどき、剛治さんが奏でる三線と島唄が風に乗って家中に響き渡り、贅沢な時間が過ぎていきました。

ふたりの生活は始まったばかり、この家の歴史もこれからが本当のスタート。積み重ねられる幸せへの期待が、家のあちこちに息づいていました。

キッチンにあるふたつの収納庫はワゴンタイプだからキャスター付きで引き出せるのが便利。キッチン裏のスペースは洗面所。奥まった暗くなりがちな場所にはカラフルなペイントで明るさをプラス。

カウンターは掘り炬燵式につくられていて、座り易さと低く暮らすための配慮を兼ね備えている。左下は「火ぬ神」という台所の神様を祀る器。泡盛と塩をお供えする。

剛治さんは自宅で三線教室も開催している。切ない音色が夕暮れどきにぴったり。

黒板にはやることや買いものリストが書かれていて楽しいアクセントに。麻里さんは横浜から嫁いできて、もうすぐお母さんに。写真家であり、山の風景や出会った人々をやさしい視点で撮影する人。

玄関脇には収納スペース、その上に剛治さんの憧れでもあったロフトを設けた。ロフトは寝室として使っている。キッチンが主役の家は、それだけで正しいと感じてしまう。人は食べることが基本だから。

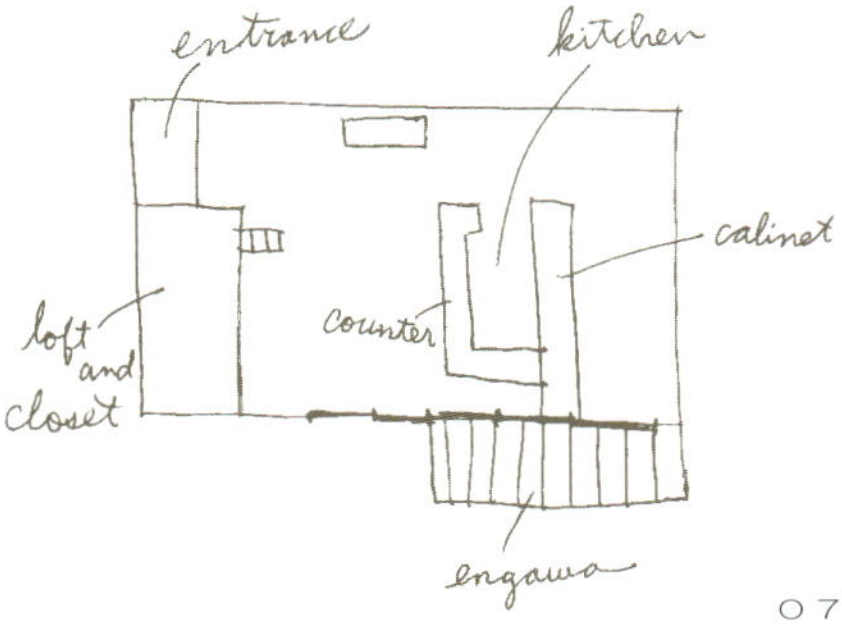

小原裕輔さん・祐子さん

ふたりのすべてが寄り添っているあたたかで質素なワンルームの宇宙

山のなかにポツンと建つ簡素な住まい。目の前には美しい自然のパノラマが広がっている。

庭で農をやり、家でそれをいただく生活。それが動線として一繋がりである暮らし。

沖縄本島は、北と南とでは自然環境が異なります。小原裕輔さん、祐子さん夫婦が暮らすのは八重岳という小高い山、島の北側に位置しています。ここの自然は、いわゆる南国の強く明るい自然というよりも、どちらかといえば高原のそれに似ていて、そのせいか静寂という言葉が似合います。そうした環境に呼応するように、ここにはクリスチャンのオーナーがつくったコミュニティーが存在します。心を癒す場所として様々な人々が、ひとつの家族のように日々を送っているのです。

環境と人々の営みが無理なく寄り添う場所に、ふたりは引き寄せられるように2年前の初夏に移住してきました。最初にここに魅せられたのは裕輔さん。

ポーチはもうひとつのリビング。部屋と同じように好きなものがあちこちに飾られている。ここでは蜘蛛の巣さえ美しく輝き、当たり前の日常の素晴らしさを教える存在。豊かさが、そこかしこに散りばめられている小原さん夫婦の暮らし。

「8年ほど前の旅行中に、オーナーと出会い、ここの生活に飛び込みたいと思ったのがきっかけでした」。現在、小原さん夫婦が働く「八重岳ベーカリー」は、そのオーナーが営む店。店のオーナーでありコミュニティーの設立者でもある夫婦との出会いが、裕輔さんのその後の人生を変えました。

「おふたりと話したことで、漠然と感じていた人生への違和感を再認識することになったんです。仕事中心の忙し過ぎる都会での生活を見つめ直してみた結果、環境や生命に直結している食に関する仕事に取り組みたいと思ったんです」。当時、恋人であった祐子さんも同じような思いを抱いていたといいます。

「人のためになること、自分の手

すべてがオープン収納の小原家。選んでいるものが自然素材のものやナチュラルテイストのものばかりなので統一感がある。カゴなどかさばるものは吊してディスプレー、カビ防止にもなり一石二鳥。

全体で15畳ほどのワンスペース。だから、いつでも相手のことを気にかける心が培われる。

で人を喜ばせる生き方をしてみたかった。今、それをふたりで共有できていることが、一番ありがたいことですね」

ふたりが住まいとしているのは、ベーカリーのほど近くに建つワンルームの簡素な平屋。持ち寄った家具と人から譲り受けたものとが独特のハーモニーを奏でているのが印象的。押し入れなどの収納スペースがないので、ものはほとんどが見える状態になっています。でも、それがいい。ひとつひとつのものにふたりが愛情を持って接しているのが伝わってきて、とても居心地がいいのです。自然体でやさしさ溢れる人柄が、そのままこの家に宿っていました。

極普通のキッチンからも豊かな山の自然が見られる。何ものにも代え難い贅沢とはこういうことなのかも。

ふたりが働く「八重岳ベーカリー」のパンとクッキーは、どれも自然素材のやさしい美味しさ。上は、友達のイラストレーター松栄舞子さんの描いた絵。飾り方が素敵。「八重岳ベーカリー」問い合わせ☎0980-47-5642

カードやチマチマした小物を壁にディスプレーしていて、それがひとつのコラージュ作品のよう。右は古道具屋で見つけたユニークなボウリングをする人の木のオブジェ。クスッと笑えるものを選ぶセンスがふたりの魅力。

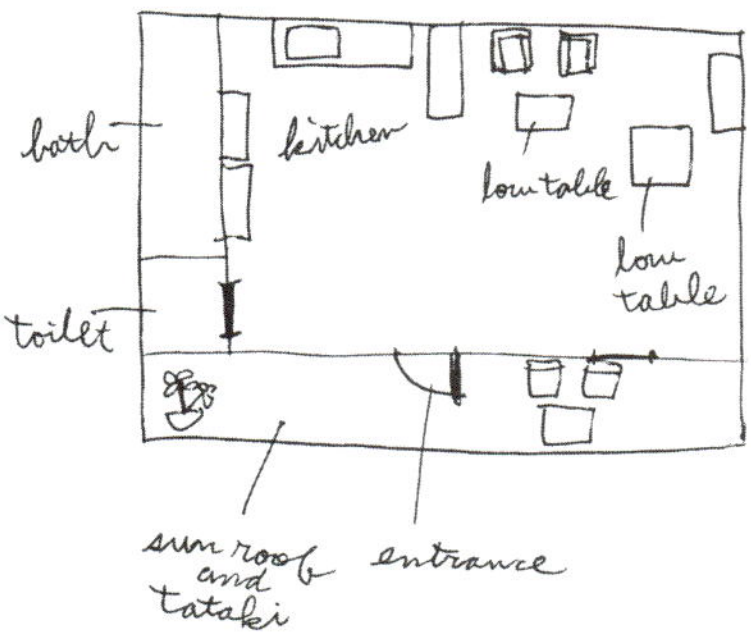

佐藤達雄さん・妙子さん

直したり
手入れをしたり
古い家とつき合い
細やかな心を
育む暮らし
そこにある幸せ

家は別の場所にあったが移築されここに。大切に住み続けられた記憶が宿る。

古いものを大切にする暮らしが注目を集めるようになったこの数年、30代や40代の人々を中心に古民家への興味が高まっています。バブル景気というものが世間を覆っていた頃には、こうしたムーブメントはほとんどありませんでした。その時代と現在をくらべてみると、趣向や価値観というものは、すべてではないにせよ、現在の方が正しく、成熟していると感じます。お金では手に入れられない豊かさを知る人が増えたことは、明らかに素晴らしいこと。本書で取材している方々も、みなさんその豊かさを知っていて実践している人たちばかり。取材を重ねるごとに、こちらの気持ちまでもがあたたかなもので満たされるのを感じていました。

家のまわりには自然が多く、畑もある。佐藤さんも野菜づくりを楽しんでいる。植物を育てることも含め、日常的に土に触れる機会があり、それがリラクゼーションにもなっている様子。それはきっと生活の軸でもある。

茨城・水戸市に暮らす、佐藤達雄さん、妙子さん夫婦も、その豊かさを積み重ね日々を送る人たちです。戦後すぐに建てられたという古い平屋に住み始めて6年、そして、あの震災が襲いました。

「トイレの壁が崩れたり、居間の砂壁の砂が大量に落ちたり、何とか片づくまでに1週間以上かかりました。そんな経験をしても、何故かこの古屋に嫌気が差さないんです。昔から、長く大事に使われてきたものが好きなんですよね」と、妙子さん。

古いものには、それを大切に使ってきた人たちの思いが宿っていて、その愛情ともいえる思いが、次の使い手にも何らかの作用をもたらすのかもしれません。そして、現在では再現できないような職人

妙子さんは「hanatoco」という花屋とカフェを営んでいる。自宅の庭の手入れはもちろん、部屋のなかにも植物が効果的に取り入れられている。

畳の床にフローリングカーペットを敷いてモダンな家具を合わせている。家具もほとんどが北欧などの古いもの。つくりつけの箪笥や戸棚はもちろん現役で使用中。台所には昔懐かしい蠅帳を置いて食器入れに。

技が使われているのも魅力のひとつでしょう。

「欄間や書院組子障子などの繊細な仕事、戸棚の波ガラスといった細部のこだわりを見るにつけ、いいなぁ、と思いますね」

達雄さんも、妙子さんの影響を受け古いもの好きになった様子です。そういわれて、家のなかに目を向けると、つくりつけの箪笥や戸棚が多いことにも気がつきました。

古い日本家屋ならではの、きめ細かい配慮ともいえる仕事に触れながら暮らすことは、日本人が大切にしてきた機微を受け継ぐことにもなると思います。ふたりは、それを尊いものとして日々を営んでいました。

書院に施されている書院欄間や書院組子障子の繊細な仕事は貴重なもの。

夫婦ふたりと猫2匹の暮らしに、たっぷりとしたゆとりのある空間が羨ましい。古民家であればこその贅沢な間取り、広く取られた廊下や縁側があることも魅力。ダイニングスペースにしている部屋には波ガラスの戸棚がある。こんな、ちょっとしたディテールもお気に入りポイント。

震災で崩れてしまった壁を取り除き新たに白い壁をつくり清潔感のある印象に。

細長い茶箪笥も日本の古道具。北欧と日本の古道具をミックスさせたインテリア。

ベッドスペースの仕切りとして、古道具屋で手に入れた建具を横に取りつけて使用。

愛猫の、しじみ（左）とあさり（右）もゆったりとした間取りのこの家がお気に入り。

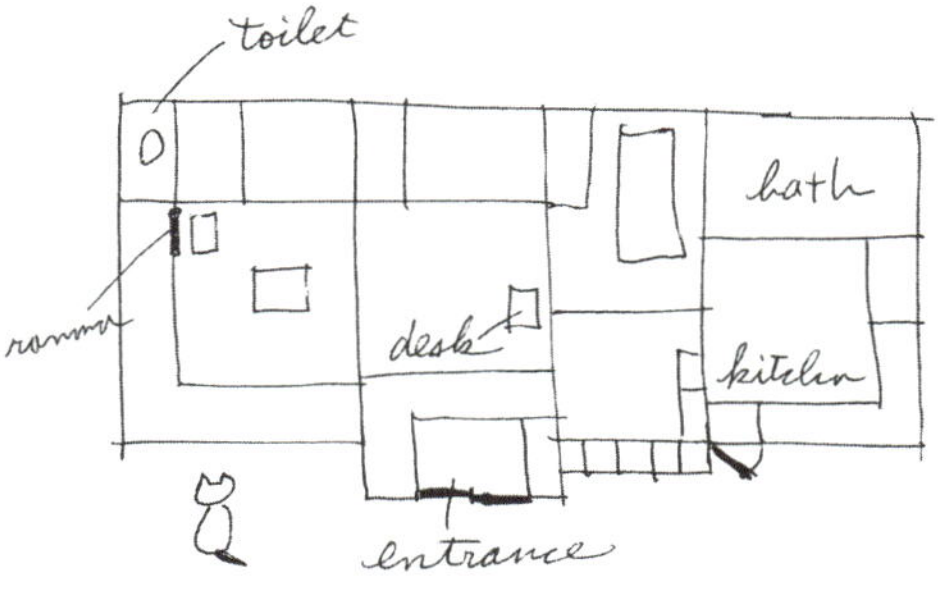

横内尚樹さん

共感しあえる人との出会い そこから始まった家づくり 中古物件を有効利用した 賢い計画性が成功の鍵

人との出会いが人生に影響を与えることがあります。例えば価値観だったり、ライフスタイルだったり、それまで漠然としていた大事なことが、人との出会いをきっかけに目覚めるような感覚。本来、自分のなかにあったけれど気づかずにいて、人との関わりのなかで触発されて芽吹くようなこと。そういう出会いを持てることは、きっと幸せなことです。

　横内尚樹さんは、そんな出会いを経験した人なのだと思います。茨城・つくば市に、2年前築20年の平屋物件を購入した横内さん。その物件を選んだ理由には、ある人たちの存在がありました。それは、本書でも紹介している「Shingoster LIVING」の伊藤信吾さん、ようこさん夫婦。伊藤さん

外観は極普通の日本住宅。屋内に入ればスカンジナビアンな世界が出迎える。

20畳はあるリビング。和室だった頃の柱や押し入れも素敵なアクセントに。

リビングの壁の裏側は収納スペースに。元は床の間だった空間を利用している

夫婦のつくる世界観に惹かれ彼らにリフォームしてもらうことを前提に、この物件を選んだのです。「おまかせで頼みました。北欧のデザインが好きで、シンプルな空間が望みでしたが、思いどおりに仕上がって大満足です」

リフォームしたのはLDKスペース。元々、和風の間取りであったこの家は、こまかく部屋が仕切られていましたが、壁を取り払い、ゆったりとしたワンスペースにLDKを繋げました。そうしたことで、他に部屋があっても、自然と家族がここに集まれる家になったといいます。

「家族が分断されない家が欲しかった。だから、このスペースを最優先したんです。寝室や子ども部屋、客室なども別にありますが、

玄関に置いたキャビネット、ダイニングテーブルもデンマークの古いもの。

そこはこれからゆっくりリフォームする予定です」

思いどおりの部屋でくつろぐことが、横内さんにとって何より楽しい時間。美容師という仕事柄、素敵な空間やものに囲まれていることは、クリエイティビティにとっても大切なこと。だから、共感しあえるセンスを持った信頼できる人との出会いは、公私ともに重要なターニングポイントでもあったことでしょう。

「薪ストーブは予定になかったのですが、伊藤さんに勧められて取り入れて正解でした。パチパチという薪の燃える音を聞いていると、とてもリラックスします」

その穏やかな笑顔が、充足感を物語っていました。

キッチンは収納力のあるキャビネットをオーダーメイドして機能的に仕上げた。

ソファに合わせているのもデンマークの家具。家具のセレクトも伊藤さん夫婦におまかせした。キッチンには小さなカウンターをつくり利便性をプラスしてもらった。

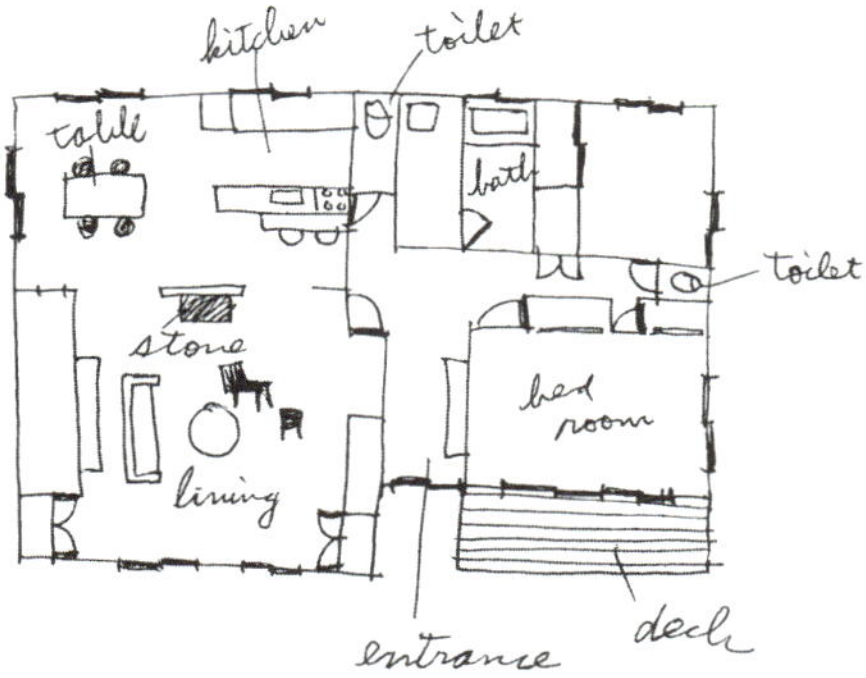

横内さんが気に入っているものを拝見。ファッションや音楽、近頃は器にも興味がある。仕事柄、多趣味であることもコミュニケーションに役立つ。横内さんの美容院は、「artisanale」http://artisanale.petit.cc/

渡慶次弘幸さん・愛さん

心を込めた手仕事
そのための家づくりは
アイディアと逞しさ
夫婦の絆でできている

手仕事という、ものづくりを生業とする人々にとって、住空間は仕事場も兼ねた場合が多くなります。ものづくりに適した環境を優先することは、必ずしも住まいとして快適とはいえないかもしれない。けれど、そうした生活の不便さも厭わず、真摯に仕事に向きあう暮らしの一端を目の当たりにするとき、作品の美しさの根底を見るようで感動を覚えるのです。

渡慶次《とけし》弘幸さん、愛さん夫婦は共に手仕事を行う作家です。

弘幸さんは木工、愛さんは塗師として夫婦でひとつの漆作品をつくっています。沖縄で生まれ育ったふたりは、漆工芸の技を輪島で磨き、再び沖縄に戻って新居を構えました。

「工場として使いやすい物件を探

正直、外観は住まいには見えない。でも、室内にはあたたかでセンスある空間が広がる。

しました。24時間作業しても近隣に差し障りのない場所だったのでここに決めたんです」

まわりを畑に囲まれた倉庫風の建物は、ガスや電気、水道さえ通っていなかった元建具屋の作業場です。住宅としては誰も考えないであろうこの建物を、弘幸さんはほとんどひとりで住まいにもなるように毎日作業を続け、約半年で今の状態にまでしました。床に敷き詰めた材木は、草木染めの媒染液を塗り古びたニュアンスに仕上げ、台所は愛さんのリクエストで業務用のシンクや調理台を入れました。ただ住めるようにするだけではなく、自分たちの好みを反映させることができる大工仕事のテクニックと、古道具を上手に取り入れたインテリアのセンスのよ

玄関スペースを入り、右に弘幸さんの作業場があり、左には愛さんの漆塗りのための部屋と分けている。埃が厳禁な漆塗りに対する配慮。ペットの亀はおが屑のベッドが気持ちよさそう。下は、寿々ちゃんのお絵かき。アートのように壁に飾って。

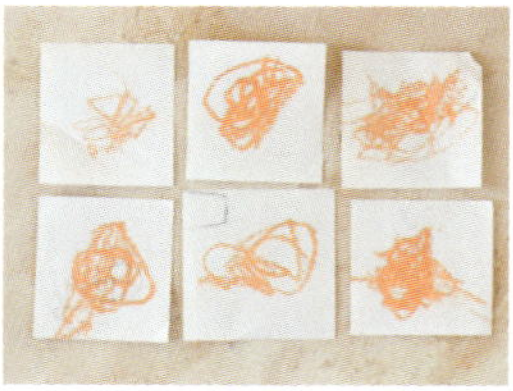

娘の寿々ちゃんが広々とした室内で元気いっぱいに遊び回る。家は自由が一番いい。

シンプルで端正な形のものが並ぶ。こうした佇まいを持つものをつくりたい、と語る。

さには脱帽します。
「でも、居間になっているスペースは屋根も外壁もトタンですから、雨が降るとその音がうるさくて大声を出さないと話ができないんですよ」。楽しそうに笑いながら話す愛さん。主婦でもある彼女に、この大らかさと逞しさがあればこそ、渡慶次家の暮らしは滞ることなく明るく営まれるのだと感じます。

そして、今も現在進行形でつくられている住まいには、吟味されたものだけが並んでいます。その様は、凛とした潔い空気感を纏っていて、美しいものの本質を理解する人の価値観を、真っ直ぐに表していました。

ドアやチェア、ワゴンにベンチ、右ページのガラス戸棚などは弘幸さんの祖父が開業していた病院で使用していたもの。祖父が他界し病院が解体されるときに譲り受けた。思い出を受け継ぐだけでなく、ものを大切に使う心も受け継いでいるように感じる。それにしても美しいデザインばかりだ。

キッチンは業務用のステンレス製シンクと調理台を選んだ。清潔感があり、シンプルなのがいい。

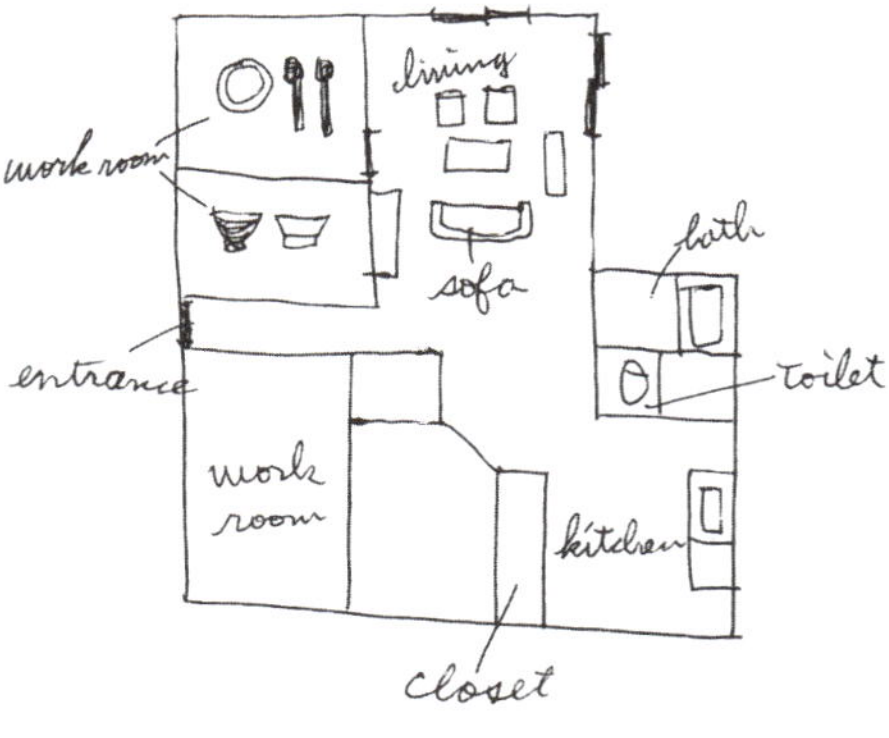

真鍮製のスイッチは近所のDIYショップで購入。壁の棚は弘幸さんがつくった。シンプルな保存瓶に入れたスパイスなどがアクセントに。輪島の古道具屋で手に入れた戸棚は何と1万円だったそう。買いもの上手。

愛さんの仕事部屋は、埃が入り込まないように密閉度を高くすることが重要視されている。漆風呂と呼ばれる、漆を塗った器を乾かすための戸棚がある。道具などを収納する棚にしているのは輪島で手に入れた古い木箱。弘幸さんの仕事スペースは簡素。

作品は全て、弘幸さんが木を削って形づくり、愛さんが漆を塗って完成させる。普段の生活に使ってもらえるものづくりを目指し、夫婦二人三脚で営まれている。写真左上はジーファーと呼ばれる沖縄のかんざし。「木漆工とけし」の作品は、「浦添市美術館」のミュージアムショップや「石垣ペンギン」で購入できる。

渡部忠さん・まみさん
庭のある暮らしが
価値観を変えた
植物という生きものと
向きあうことの幸せ

無造作だけれど居心地のいい庭を目指している。庭の手入れがふたりの楽しみ。

置いてある鉢は、週末に開く「すこし高台ショップ」http://sukoshi-takadai.com/ で販売するもの。縁側の木製フェンスは目隠しと植物のディスプレーを兼ねているお気に入り。

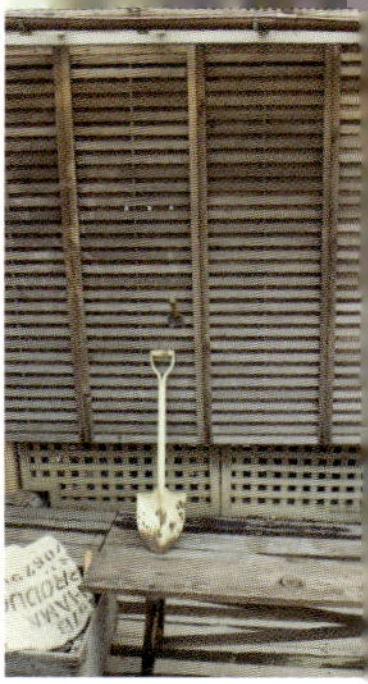

キッチンの脇にサンルームがあり、ハーブなどを育てている。ハンギングしたり、窓辺に並べてみたり、家のなかにもいたるところにグリーンが。清々しい空気感に満ちた家。

ライフスタイルを真剣に考える機会は、人生のなかで何度あるでしょう。壁に突き当たったとき、誰かと出会ったとき、または別れたとき。引っ越しというのも、ひとつのきっかけになるのかもしれません。

　渡部忠さん、まみさん夫婦は仕事中心だった東京での暮らしから、自然に近い場所に引っ越したことで、それまでとは違った価値観とライフスタイルを選択することになりました。

「のんびりと心地いい暮らしがしたいと思ったんです。海があって、山があって、というような」と、忠さん。それはきっと、雑誌などで紹介されるライフスタイルだったのだと思います。そして実際に移り住み、周囲の自然や家を囲む

玄関の天井は竹で編んだ手の込んだ設え。古い家は、こうしたディテールに凝っているところにも惹かれる。二間だったのを襖をはずしワンルームに。リビングとまみさんの仕事部屋が繋がっている。家を囲むように庭があり、どの窓からも木々や植物を眺めることが可能。友人たちもよく"たそがれ"に来る。

庭に触れる暮らしのなかで、想像していた以上の豊かなライフスタイルを体験していくことになりました。

「家に庭があったので、友人に頼みいくつかの植物の鉢を購入しました。以前から植物は好きな方でしたが、一度に多くのものを育てた経験はなかったし、深く考えてしたことでもありませんでした」

ところが、土をいじり、日々植物の成長を見守るなかで、ふたりの心は達成感のような充実した気持ちに満たされたのです。

「植物の持つ力をダイレクトに感じて、改めて好きだと感じました」と、微笑むまみさん。

　それからは、植物を中心にした生活がスタート。あたたかな季節の週末には友人夫婦と小さな植物

木の質感が生かされている家具が好き。ものは置きすぎないのがポリシー。

屋も開いています。今、渡部家の庭は無造作に賑わう庭へと進化中。それにしても、庭仕事をしているふたりは本当に楽しそうです。将来は、仕事としても植物に関わっていたいと語るのも納得できます。

家のなかにも植物があちこちに置かれていて、風通しのいい平屋は植物園のようです。本当に好きなことと向き合える暮らしは、毎日が贅沢で、営みそのものが宝ものもののように思えるもの。「ものは欲しくない」といっていた、まみさんの気持ちが、わかるような気がしました。

キッチンには、まみさんがつくった保存食の瓶が並ぶ。こうした生活の細やかさも植物を育てる心と繋がっている。バスルームのタイルが爽やか。

忠さんの仕事はウェブデザイナー。東京では仕事漬けの毎日だった。今は決まった時間帯に離れで仕事をする。離れは寝室も兼ねている。

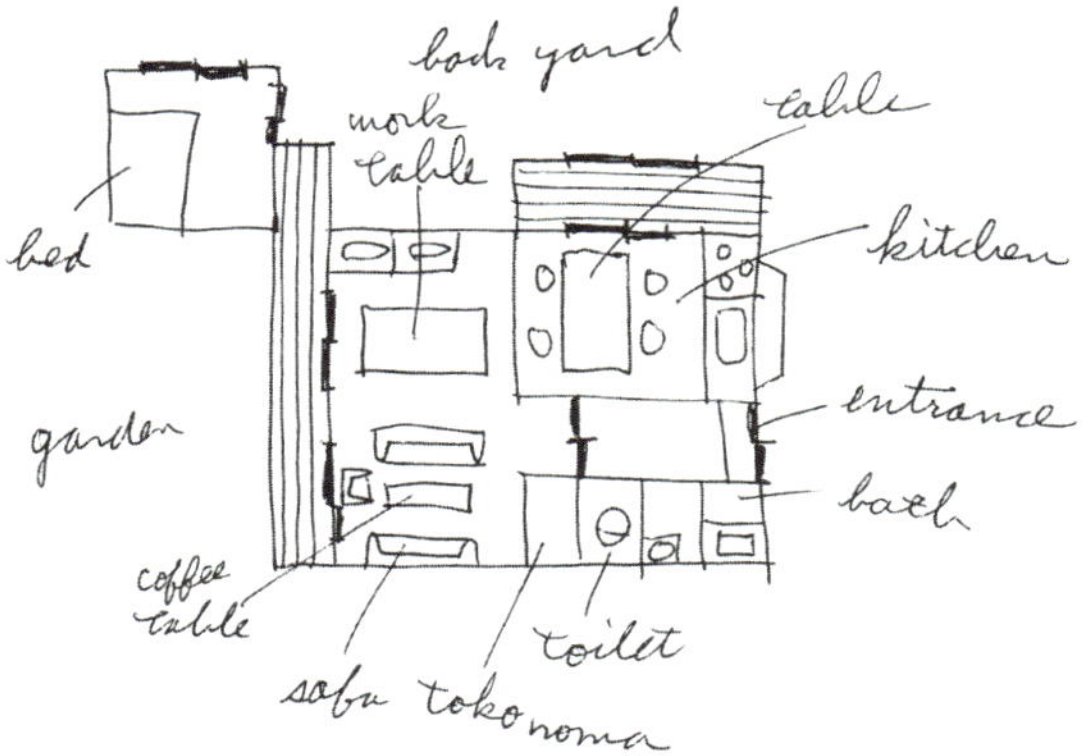

作業中のまみさん。バッグはデザインも製作もここで行われる。

まみさんが手がけるバッグブランド「short finger」http://short-finger.com/は、土に戻るエコ素材、エコアンダリアなどでつくられている。モコモコしたテクスチャーがチャーミング。

家の中と外、その境界線が曖昧な家。開けっ放しで暮らせるのは沖縄ならではの醍醐味。

藤本健さん

思いどおりの住まいを
自分の手でつくる
挑戦する日々から得た
揺るぎないもの

昨今、沖縄に移住する人が増えていると聞きます。本書で取材した沖縄在住の7軒の家族の方々も、2軒を除き、みなさん他の地域の出身で、引っ越して来た方々です。そして、それぞれが自分のスタンスで沖縄での暮らしを築いている。その様子は、特別な環境に合わせた工夫にも満ちていて、とても興味深いのです。

そんななかでも、藤本健さんの住まいづくりには目を見張るものがあります。木工作家である藤本さんは、ほぼひとりで自宅と工房を建設してしまった凄腕の持ち主。完成までに約2年を費やし、建築家の山口さんに相談しつつ、独学でプロの大工さんも顔負けの平屋をつくりました。

「仕事柄、広い作業場が必要です

シロアリ対策など考慮して外壁は焼杉使用にしている。焼杉はメンテナンスが不要であること、紫外線に強いなど、沖縄の風土に適した材木の加工方法なのだそう。焼杉の黒と自然の緑とのコントラストが美しい。

縁側を低くすることで外との繋がりを強調。手の触れやすい部分の外壁は焼杉の炭を落としている。

し、普通の建て売り住宅を購入するにもそれなりにコストはかかりますよね。それなら自分たちに合った家を自分で建ててしまおうと。平屋なら構造的にも自分で何とかなるものなんですよ」と、簡単なことのように話すのですが、そうそうできることではありません。

とにかく驚くのは、空間をシステマチックに無駄なく活かすアイディアと、それを可能にしているテクニックの凄さ。LDをゆったりさせるために、寝室や子ども部屋、そして収納庫などはコンパクトにまとめるように熟考されているのです。それらのスペースは上下2段構造にして、ひとつの空間に収まるように設計。平屋ですが、その空間はロフトつきのスタイル

家具はもちろん藤本さんの作品。木材の理に適った使い方を大切につくられている。

になっています。

元々藤本さんは、特注家具を製作する会社で職人として働いていた経験を持ちます。現在も家具の受注がメインのお仕事。そこで得たノウハウと技術があればこそ、こうした家が建てられるのだと納得しました。

「自分で家を建ててみて、家具の収まりというものが実感としてわかるようになりました。家具は単品としてとらえがちですが、空間に置いたときのバランスが大事だと改めて思います」

藤本さんにとって家は、実験の場でもあり、そして作品と呼べる存在そのものなのです。

藤本さんの仕事の正確さを最も表しているのがキッチン。冷蔵庫などの電化製品のサイズに合わせたキャビネットなど、どんな小さなスペースも無駄にしないシステマチックな出来映えは、さすがの一言。

寝室と収納スペースは２段構造の下にある。この上段に本棚が設けられている。

工房にある作業台なども使い勝手よく計算されたつくり、ストイックな藤本さんらしい。

子ども部屋は夫婦の寝室の向かい側ロフト。その下はたっぷりとしたキャスター つき収納。

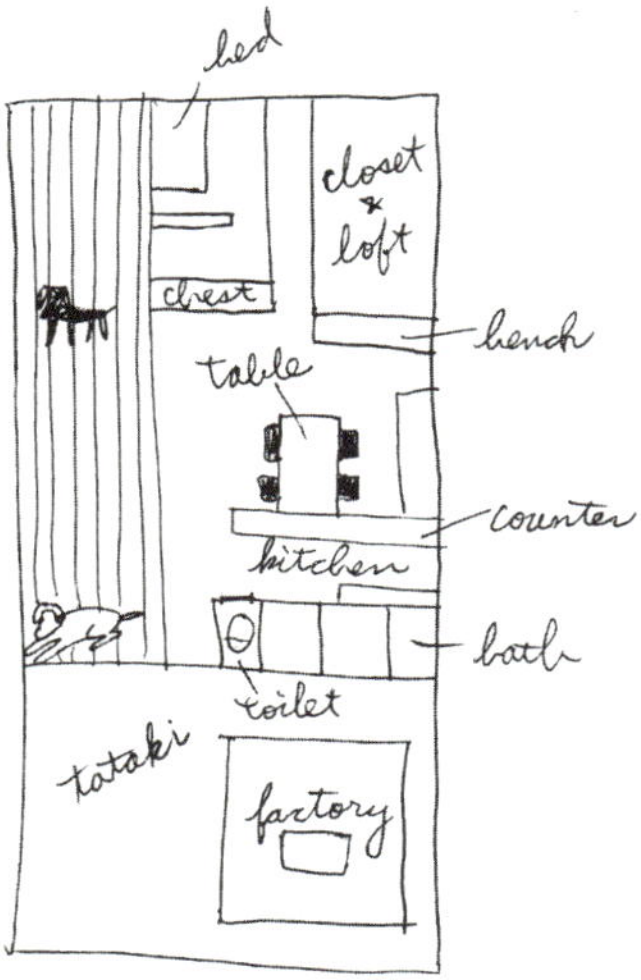

木の器の作品も素敵。家具と平行して、こうした"ひきもの"をつくることが藤本さんのバランス感覚に役立っている。家具注文の問い合わせは、☎ 090-9781-3481　ブログも参照 http//gallerykten.ti-da.net

村椿菜文さん

人の生きた証でもある
古家に残る暮らしの断片
それを受け継ぐように
愛を持って住みこなすこと

140坪という広い敷地には、季節ごとに楽しめる木々が植えられている。

腰高の窓に合わせた縁側のような設えが珍しい。植物の鉢など置くのに便利。

日当たりのいい廊下にアームチェアを置いてくつろぎコーナーをつくった。緑がたっぷりある庭は子どもたちが自由に遊び、冒険できる場所。鳥の餌台はご主人のお父さんが手づくりしたもの。

村椿菜文さんは文筆家です。特に彼女の生みだす詩は秀逸。リアルな暮らしから紡ぎ出される言葉は、日々の些細な出来事を丹念に拾い集め、やさしく瑞々しく綴られていきます。心の奥に響く言葉のかさなりは、詩という形態に慣れていない人にも共感を得られるものです。

豊かな感性は、どんな暮らしから育まれるのか。築年数は不明、というほど古い平屋に暮らす村椿さんを訪ねてみました。

「この家、20年間空き家状態で、ほとんど廃屋でした。最初に見たときは人の住める場所とは思えなかった。でもね、何故か緑のようなものを感じたんです。子どもたちも元気に走り回っていたし、庭もあるし」。それで、ほぼ即決で

築80年以上の古屋。けれど磨かれた廊下などに長きに渡る住み手の愛情が感じられる。家のディテールに凝った部分が多く、それも村椿さんがこの家を気に入った理由。

この家を購入したのだといいます。

村椿さんのご主人は大工さん。ならばリフォームを計画しての購入なのかと思いきや、そうはならなかった。

「しばらく住んでみると、前の住人の丁寧な暮らし方が伝わって来たんです。そこから感じること、この家から得ることがいろいろありそうだと思い始め、夫も、この家のつくりをリスペクトしていて、変に手を入れるとせっかくのバランスが崩れると感じているみたいです」

村椿さんの、その勘は当たっていました。確かに、築80年は超えるらしい家に住むには覚悟がいるでしょうし、様々な不便もあります。けれど、その不便さを受け入

台所の奥にワーキングスペースを設けて、事務的なことはここで済ませる。細々した可愛いものがあちこちに飾ってあるのが微笑ましい。窓の桟や鴨居はディスプレーポイント。

れたことで得られたことの方が多かったのです。

「私、本来怠け者だから、放っておくと何にもしない。楽な方に流されてしまう。でも、ここでは家に自分を合わせないと暮らしていけないんですよ。ある意味、人生修行になっている。それに、アンペアが低くて電気をあまり使えないから、昔ながらの暮らしになってしまうんです」

そうやって何でも楽しめてしまう、しなやかな感受性が村椿さんの真骨頂。季節ごとに庭の木々や草花が見せる、生命力や移ろう姿。家のなかに差し込む日の光の変化。そのすべてを心の栄養にして日々を生きる。そこから、やさしく切ない文章は生まれています。

リビングスペースにしている部屋は、6畳と8畳を一繋がりにしているからとても広い。子どもたちが走り回ってしまう気持ちもわかる。日当たり抜群の窓は村椿さんの特等席。

台所にある戸棚はつくりつけのもの。間仕切りにもなるような大きさは、収納力もたっぷり。腕のいい大工仕事は、現在でも使い勝手がいい。

台所も昔のまま。ヒューズが飛んでしまうので一度に使える家電は限られる。だから電子レンジやオーブンはない。調理もおのずと昔ながらの方法になるため手抜きはできない。

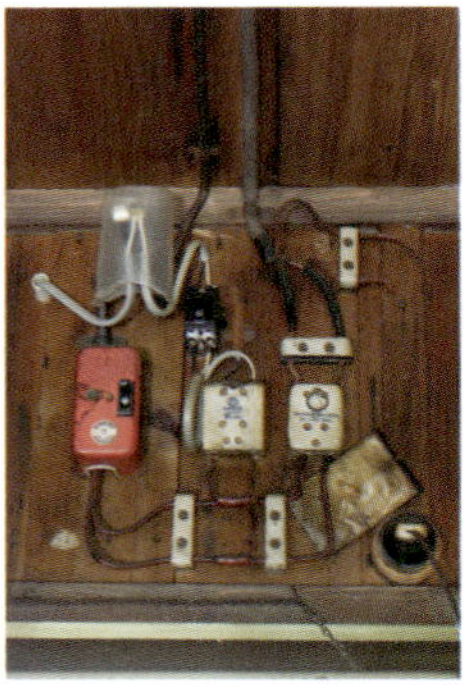

現在ではつくられていないベークライトのスイッチや、配電盤、欄間などノスタルジックなパーツ類も当時のまま。今となっては希少なものばかりで、古屋は宝もの箱のよう。

文章を書くことが好きな村椿さんは、当然読書家でもある。家のあちこちに蔵書を置くコーナーがあり、家のあちこちで読書を楽しんでいることが伝わってくる。

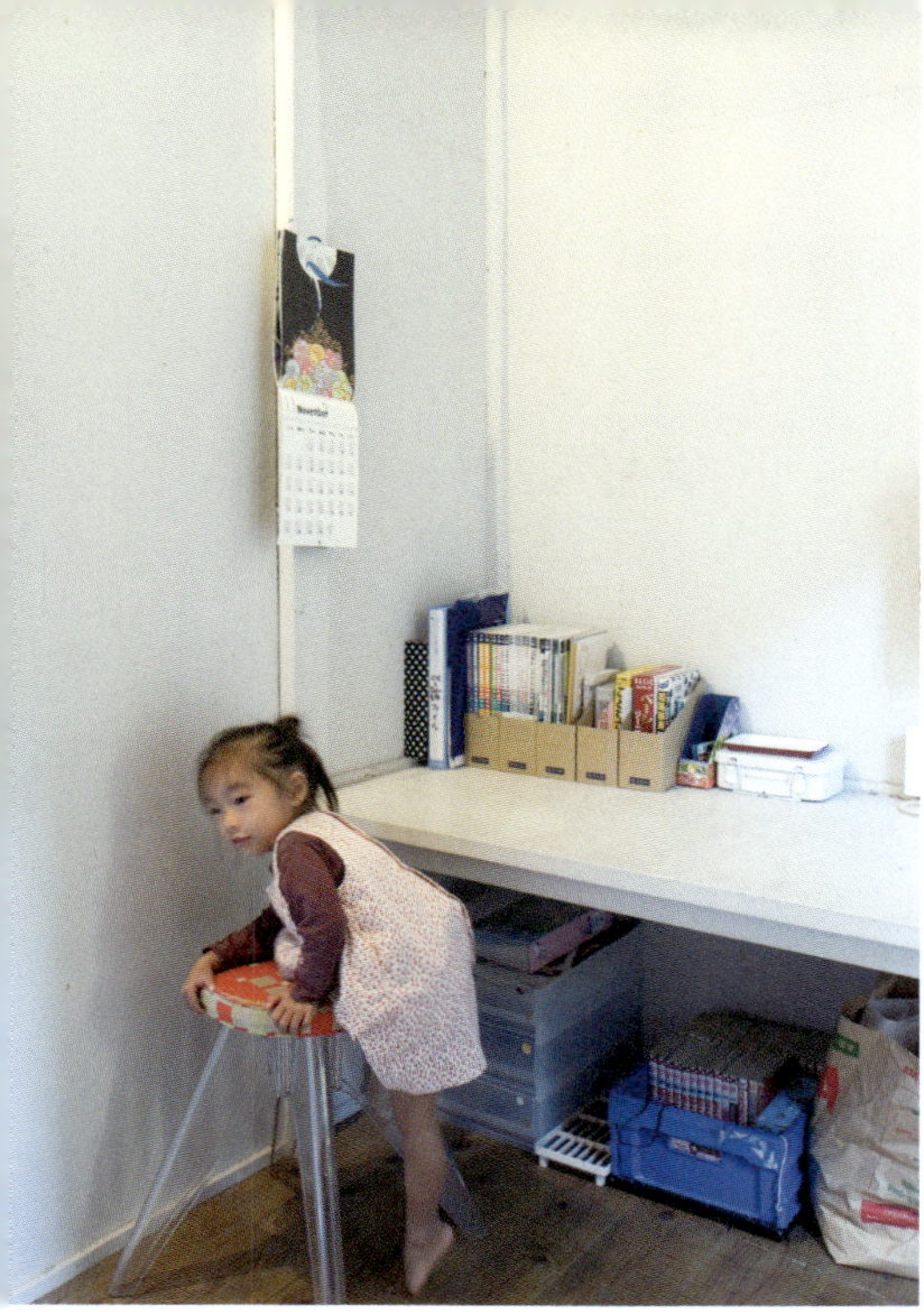

子ども部屋の離れだけはご主人が改装した。末っ子の楓ちゃんもお気に入り。

ご主人のお母さんはアーティストの内藤三重子さん。お人形も内藤さんの手づくり。3人の子どもたちが大切にしている。

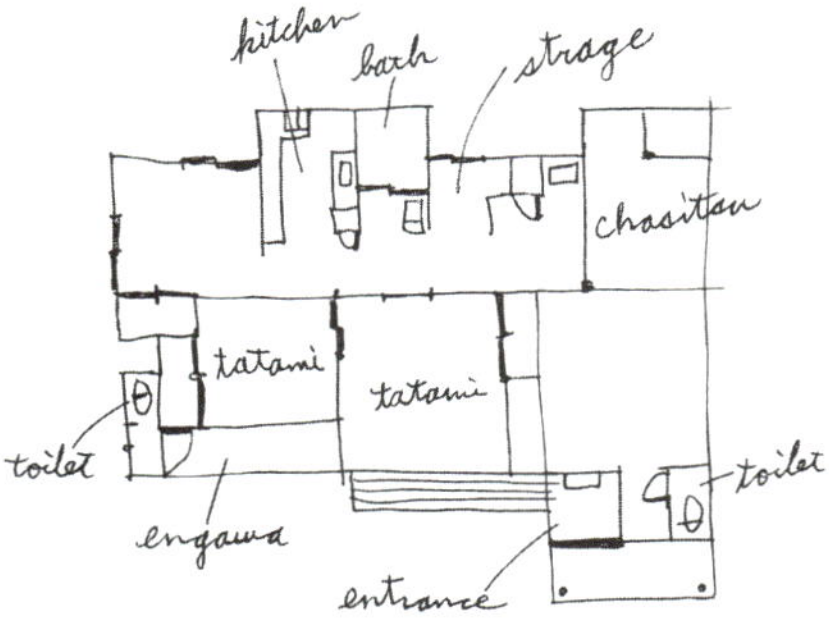

川崎慎之介さん、智恵さん

家の存在に感謝して
大切に暮らすこと
日だまりのような
やさしさ溢れる住まい

昭和 30 年代頃に建てられた文化住宅は、庶民の住まいとして時代を担った。

価値観や幸福の捉え方が、大きく変化し始めたと思えるこの頃。本書の取材でも、そのことを実感しています。今回登場しているすべての方に共通しているのは、豊かさを、お金を基準にして考えていないこと。そして古屋といえば、ひと昔前までは貧しいイメージがあったのも事実。でも、それはもう過去のこと。登場する方々の暮らしを見れば、豊かで贅沢な人生を歩んでいることは明らかです。

　川崎慎之介さん、智恵さん夫婦が暮らす文化住宅と呼ばれる建物に関しても、ある年代以上の人にとっては貧しさの象徴のように感じる場合もあるようですが、また時代は移り、趣あるコンパクトな住まいとして若い世代が注目しはじめています。

玄関まわりに置くものも古いものを選んでいる。家にしっくり馴染んだディスプレーは、通りがかる人の目を楽しませる。牛乳瓶入れが懐かしいアクセントに。

「僕は、10代の頃から日本の古いものに魅力を感じていました。サザエさんの世界が好きなこともあり、家庭を持ったら平屋に暮らしたいとずっと思っていたんです。文化住宅は佇まいそのものが気に入っています」

慎之介さんの仕事は庭師。環境に興味を持ったことがきっかけで、庭師の職人の下で働きながら学び、現在は独立して個人宅の庭の仕事をしています。

「この家でモデルガーデンをつくりたい。植栽することで夏を涼しく、冬は葉が落ちることで日当たりをよくする。環境にやさしい庭の提案が目標です」

雑貨店を営んでいた智恵さんは、2歳になる睦実ちゃんの子育てと第2子の出産準備のため現在

慎之介さんの庭づくりは http://www.kicocoro.jp で見ることができる。

は週1日、自宅で店を開いています。そして、智恵さんは、この家に相応しい人になりたいと思うようになったといいます。

「掃除を一生懸命やるようになりましたね。家が喜んでいるのがわかるんです。だから2日に1度は床磨き。そうすることで精神的にも落ち着けて、ぐっすり眠れるんです」

また、コンパクトな家だから余計なものは置けない。おのずとものを吟味するようになり、結果としていいものを選ぶ力がついたと語ります。

ふたりのこの真面目さは、自然体で無理がない。慎ましく生きることを選ぶ賢さが美しく尊いことを、ふたりの住まいから語られずとも感じることができました。

白かった襖に、睦実ちゃんがお絵かき。まるでモダンアートのよう。家具はほとんど古道具屋で購入。昔から好きで持っていたものだが、この家にぴったり似合っている。ずっと長く愛せるものだけを選び使う暮らしは、とても清々しい。

日当たりのいい居間で親子3人でくつろぐ。サザエさんの世界そのもの。

台所道具も昔ながらのものが多い。自然素材を選ぶのは環境に配慮した考え方から。

タイル張りの風呂場がオシャレ。木の風呂蓋は慎之介さんの手づくり。この家に似合うものを選ぶと、プラスチック製品はNGになる。だから、おのずと統一感のある設えに。

昭和初期の映画を観ているように錯覚する川崎家の佇まい。もの選びの目が徹底している。

仕事用の植物も庭に置いている。ジョウロなどの道具類も形の可愛いものばかり。季節を楽しむこと、日々の営みそのものも楽しんでいる様子が、家の端々から感じられる。

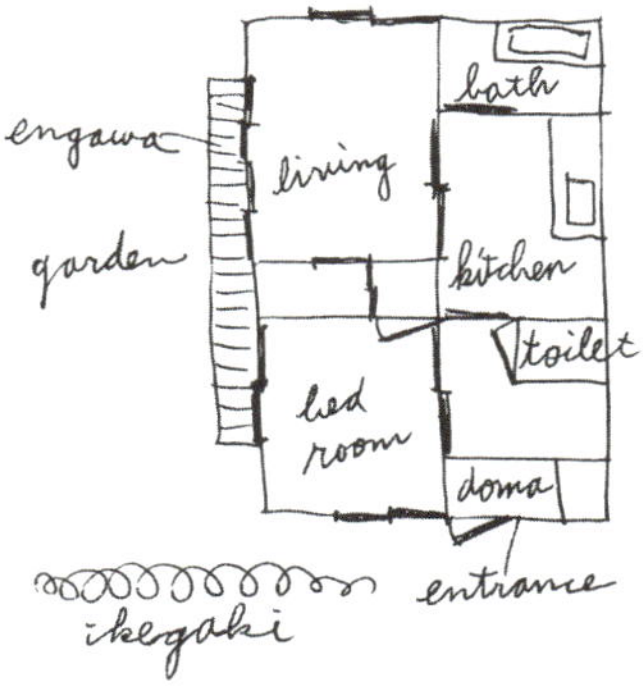

福田たかゆきさん・宜子さん

祖父から受け継いだ
思い出深き家と庭
家族の記憶と未来まで
ふたつを包む小宇宙

裏にある山の景色と混ざり合うような、深いみどりに包まれる庭は圧巻。

草木が茂る路地を入ったところに家があり、庭に繋がっている。別荘だったことが、この濃い自然からも伝わってくる。デッキには祖父が手づくりしたベンチが今も健在で活躍中。天気のいい日に夫婦二人でここに座り、ぼんやり景色を眺める時間を大切にしている。

屋根と鴨居の間にガラスをあしらうのは、曽原国蔵建築の特徴のひとつなのだとか。

福田たかゆきさんはCHAJINという名前で活躍するフラワーアーティスト。奥さんの宣子さんとふたりで暮らす家は、築60年になる平屋。ここは元々、祖父母が鎌倉に夏の別荘として曽原国蔵という建築家に依頼して建てた家です。たかゆきさんが生まれてからは、住居として家族みんなで日々を過ごした実家でもあります。

「だいぶくたびれてしまった家ですが、家族の思い出が詰まっています。ロッキングチェアが好きだった祖父の姿とか、時々そうした情景を思い出します」

生まれ育ってから、これまでの人生の大半をこの家と共に過ごしたこと、それはノスタルジーよりも、もっと深い愛着を家に抱くことに繋がるでしょう。住まいを

趣味のひとつはお茶。紅茶以外にも日本茶や中国茶も好き。鉄瓶は山形で購入。猫の名前もウーロンと、お茶にちなんだ名前なのが愉快。キッチンもこの家がつくられた当時のまま使っているが、キュートなもの遣いのアイディアが楽しい。

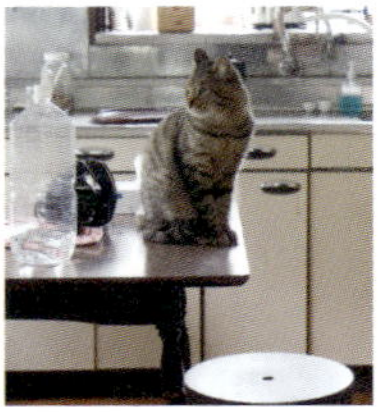

代々受け継ぐことが少ない現在の日本で、それができることはとても恵まれていることではないでしょうか。

「若いときは、この家に対して特別なことは感じていませんでした。歳を重ねるにつれて、大切にしたいとしみじみ思いますね。長く愛着の持てるものに魅力を感じるのも、この家の存在があるからだと思います」

　花を扱う仕事を選んだのも、バラを育てるのが好きだった祖父の影響が少なからずあるといいます。自然豊かな鎌倉の家には、四季折々に違った美しさを見せる木々や植物が鬱蒼と茂っている。こうした自然に間近に接してきた経験があればこそ、CHAJIN の自由でオリジナリティのある花あし

キッチンにある戸棚はつくりつけ。最近はまっている紅茶を煎れるのも楽しみのひとつ。

らいが誕生したのかもしれません。

「古い家ですから、住まいとしては大変な部分も正直あります。でも、脇を流れる小川のせせらぎや鳥の声、そうしたありのままの自然をしっかり感じられることは、何ものにも代え難いと思っています」と、宜子さん。たかゆきさんと一緒に、花の仕事をする人だから、同じ目線でこの家に向き合えるのでしょう。

多趣味であった祖父の後を引き継ぐように、たかゆきさんもいろいろなものに興味のある人。古い家は、そんな様々なものも受けとめてひとつにまとめ上げてしまう、素敵な大人のような包容力に満ちていました。

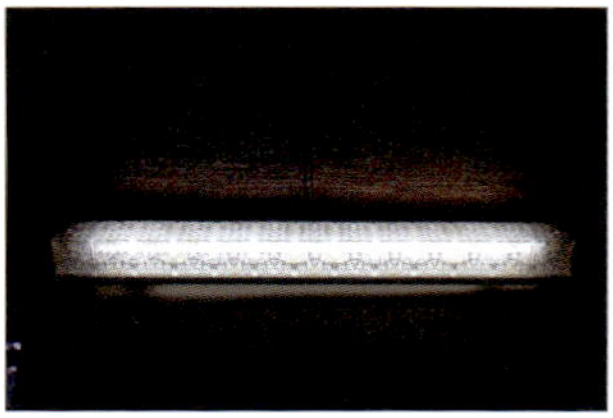

玄関には祖父が集めていた花器や香炉が飾られている。細かい障子の目など、ちょっとしたパーツに凝っているのも建築家のこだわりを感じさせる。

さすが、趣味人だった祖父の血を引くたかゆきさん。やちむん、落語、プロレスと、その守備範囲はとても広い。写真左のパンは宜子さんが魚焼きグリルでつくるパン。美味。

アトリエは近くに借りている。毎日ふたりで仲良く出勤。オリジナルバッグのデザインや、雑貨的感覚のアレンジメントも可愛い。教室で使う花器もお気に入りのもの。

アトリエでは「CHAJIN花教室」を開催。
http://www.o-chajin.com/school.html

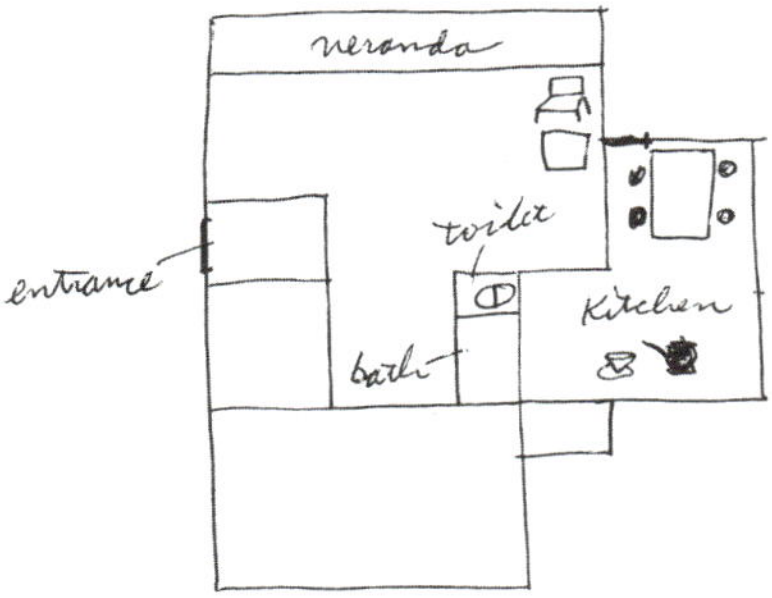

西原洋行さん・愛さん

自由さとアイディア
愛のあるものづくりは
古い家も、ものも輝かせて
唯一無二の世界になる

ここはギャラリーか？と思うような独特のディスプレーが目を引く外観。

庭の白いフェンスにさげたブリキのたらい、玄関の外に取りつけたシャンデリア。もののあしらい方にユーモアを感じさせる。そして、廃材のチョイスにもセンスが光る。

ペイントしたり、何かと何かを組み合わせたり、自由な発想による廃材の使い方が独特の世界観を構築する。３歳の息子、さん君が室外機の上に並べた木の実もアートのよう。

岡山・倉敷市児島は、戦後まもなくの日本経済を支えた繊維産業が栄えた町です。当時は、いくつもの工場があり、町は賑わっていました。現在もデニムの生産地としては知られていますが、以前のような活気は残念ながらありません。商店街も寂れ、シャッターで閉ざされた店が多いのも事実です。

そんな商店街に、一軒のとびきり素敵なブロカントショップがあります。まさに、知る人ぞ知るという存在。「womb」というその店は、ヨーロッパのブロカントショップさながらの、シックで成熟したセンスを感じさせる店です。その店を営んでいるのが西原洋行さん。兄の誠さんと2人でつくりあげた店には、この町の廃業

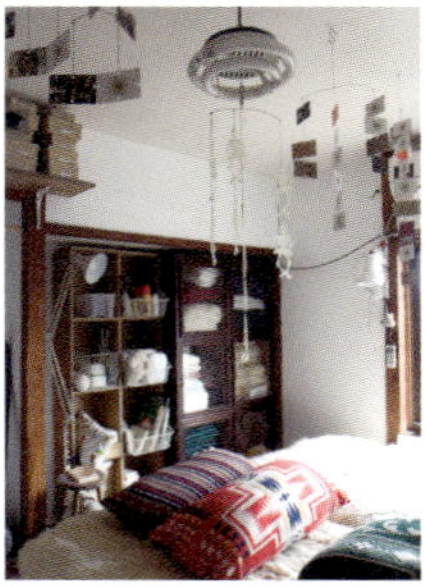

部屋のデコレーション、そして収納まで、子どものいる暮らしのリアリティがありながら、モダンさのあるインテリアをつくるのがうまい。カラフルな玩具とモダン家具、そしてブロカントがみごとに調和。

した工場から排出された什器や機械を素材にしてつくられた独特のオブジェなどが並びます。小さな町の寂れた商店街からは想像もつかない、クリエイティブな商品で構成された店を見るのは感動的ですらあります。

「生まれ育った町を支えてくれた、ものづくりの現場へのリスペクトがあります。使われなくなった工場のものがゴミ同然に捨てられていくのが嫌だった」

洋行さんは、そんなゴミとして扱われていたものに新たな命を吹き込むように、時計やオブジェ、家具などに生まれ変わらせるものづくりを行っています。

そんなピュアなものづくりをする人の住む家です。是非、見てみたい。本人は「平屋ですが特にカッ

3部屋が横並びに繋がった間取り。手前からダイニング、リビング、寝室となっている。

鹿の角をフックにしたり、流木を雨の日用の物干しにしたり、オリジナリティのある生活用品をつくってしまうアイディアは参考にしたい。

広いとは言えないキッチンだけれど、縦長の棚やワゴンなどを上手に使い機能的な設えに。

コイイことなんてないですよ」と、謙遜していましたが、外観を見ただけでワクワクする楽しさに溢れています。廃材を利用したものづくりの発想は自宅にも遺憾なく発揮されていて、古い平屋はまるでワンダーランドのよう。

「まわりからは不思議がられています。ご主人、ゴミをあさっていたよって」。満面の笑顔でそう話してくれた妻の愛さん。

見捨てられたものを、再び愛されるものに生まれ変わらせることができる。そんな夫への信頼が笑顔に滲んでいます。愛する家族と暮らす家から、創造の種が芽ばえる。家中にアイディアが、そこかしこに散りばめられていることを確認しました。

窓辺には同じサイズのサボテンが並ぶ。リズミカルで楽しい。庭には洋行さんがつくったオブジェが飾られている。

オブジェと洗濯物が同居する風景に癒される。理想の姿。

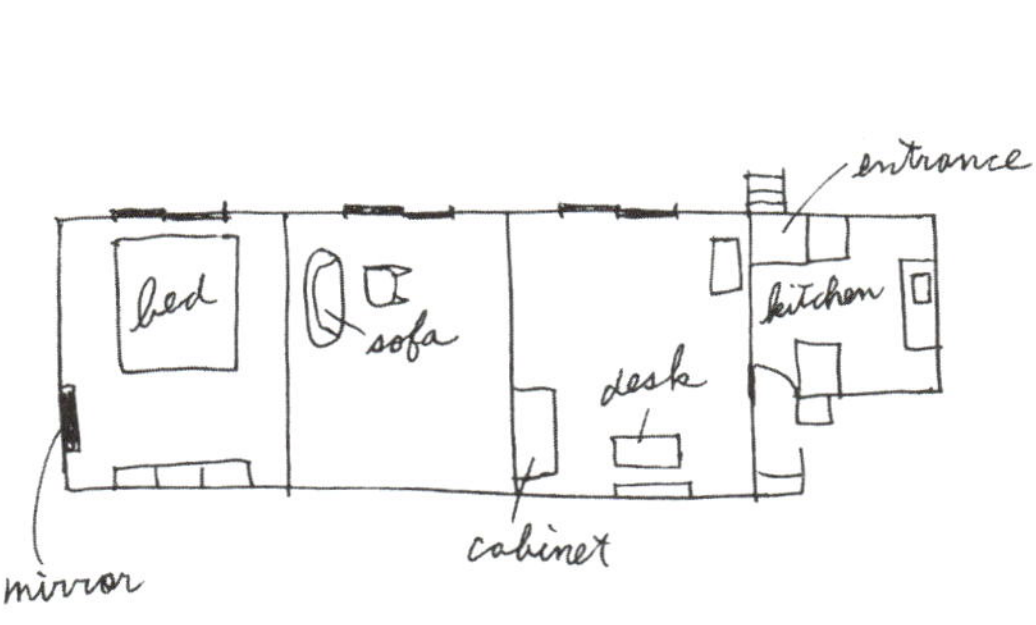

中尾幸子さん

築150年の古民家で
大地に根を張るように
生き生きと営まれる
強き母である女性の日々

現在はトタンで覆われているが、屋根は茅葺き。堂々たる佇まいに溜め息。

中尾幸子さんは、主婦。1歳と4歳、そしてお腹のなかにもうひとり、日々子どもを育てるお母さんでもあります。築150年以上になる古民家に引っ越したのは、堂々としたこの家屋に惹かれたからでした。

「最初、不動産屋では土地だけの紹介だったんです。家は古すぎて商品として見られてはいなかった。でも私は、ひと目見てこの家を気に入りました」

豪農が所有していたであろう家は、当時ボロボロではあったでしょうが、しっかりとした柱や梁を見れば価値ある物件であることは間違いありません。中尾さんが購入していなければ、壊されていたかもしれないことを思うと、何だか胸を撫で下ろしたくなる気持

立派な門も元からあった。広い庭に畑があり、土から育て大根やピーマンなど収穫。

ちになります。

中尾さんは、ずっと土に還るもののなかで暮らしたいと願ってきました。アパート暮らしをしていた頃にはできなかった畑仕事や、子どもたちを思いっきり遊ばせても大丈夫な家を手に入れた喜びを語ります。

「子どもがキズをつけても、それが味になる家、キャンプの延長のような暮らしができる家が欲しかった。薪割りや草むしりなど、子どもが手伝える仕事ができたこともよかったですね」

そして引っ越してすぐに、この家で出産も経験しました。

「冬で、まだメンテナンスもできていない状態。隙間風が冷たく凍えるような寒さのなかでしたけれど、病院での出産とはまったく違

玄関の土間部分はリフォームした。薪ストーブの薪と野菜がまるでオブジェのよう。

ダイニングスペースもリフォームして板張りの床に。素足が気持ちいい。

う充実感と幸せを味わいました。だから、お腹のなかの子もここで産みます」

化粧っ気のない太陽のような笑顔で話してくれた中尾さん。畑を耕し、収穫されたものを料理し、子どもを産み育てる。その毎日に喜びを感じ、大切なこととして捉えている。彼女の姿から、女性が本来持っている強さや逞しさを見るようで、とても眩しく感じました。そして、家と、そこに住む人は似ていると改めて思います。

どんな人も、少なからず困難に立ち向かわなければいけない時代。畑に育つ作物のように、しっかりと大地に根を張った人の生き方からは、どんなときも揺るぎない確かな暮らしがあることを教えられました。

ダイニングとキッチンは棚つきカウンターで仕切られている。土間、キッチン、そして屋外にあった蔵を取り込み一繋がりの空間に設えた。自ら育てた野菜料理が中尾さんの楽しみ。

書院には美しい書院欄間がある。大きな水屋箪笥は元の住人が残していったもの。

土蔵はなまこ壁をそのまま残し、インテリアとして生かしている。プリミティブなスタイルのリフォーム後の設えにぴったりマッチ。屋内で天井を見上げれば茅葺き屋根が。広々した和室は手を加えていない。

床脇違い棚と呼ばれる、床の間の横にある床脇の空間に設えられた棚。由緒正しき日本家屋のスタイルはやはり素敵。この家に合わせて購入したランプシェードや時計はお気に入り。

部屋を囲むようにつくられたゆったりとした廊下。晴れた日はガラス戸を開け放している。ここに暮らすようになって、家族と過ごす時間が充実したと語る中尾さん。

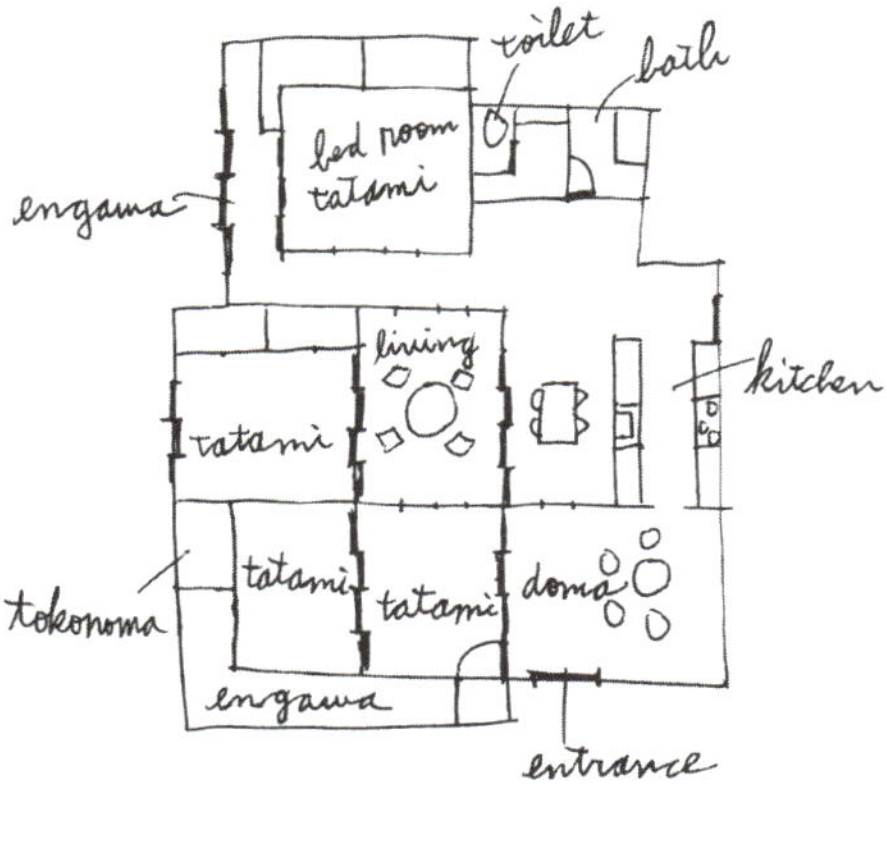

福原歩美さん

家族を見守り暮らしを支える主婦の目線で考えるちょうどいい範囲の家

閉塞感のある塀はつくらず、
樹木を植えて開放感と目隠し
効果の両方を実現している。

敷地と道路の境に、落葉樹と常緑樹をバランスよく植栽している。町の景観としても美しい佇まいの家。玄関まわりにさり気なくディスプレーされた空間が美しい。シンプルだけれど大人のセンスで選ばれたものからは、インテリアに対するこだわりが感じられる。

家のなかを整えること、料理をすること、家族のための諸々に時間を費やすこと、そうした家事と呼ばれることに対価は支払われません。けれど、それがどんな仕事よりも大変で大切なのかは、歳を重ねるごとに深く理解できるようになります。そして、その大切な家事を担ってきたのは多くの場合女性です。

この数十年、日本でも女性の社会進出は広がり、重要なポストを任される女性も増えています。それは、もちろん素晴らしいこと。でも、それに等しく、主婦として生きることも素晴らしいのだと、近頃しみじみ思うのです。

福原歩美さんは、11歳と5歳の男の子を育てる主婦です。3年前に新築した家は平屋。そうした理

庭から敷石が敷かれ、玄関までのアプローチに落ち葉が。季節を感じる家づくり。

LD はワンスペース。キッチンはカウンターで仕切られ料理中も孤立しない。

由について訪ねると「自分で管理できる範囲の家にしたかったから」と、簡潔な答えが返ってきました。余分なものは持たず、家族に目の届くスケールを大切にしたい。それは、きちんと日々の家事を切り盛りしているからこその実感なのだと思います。

「家族の気配を感じていられる家が理想でした。建築家とも相談した結果、平屋がいいと思ったんです。子育てをしていて、心が震える瞬間があるんですよね。ちょっとした、何気ない一瞬の出来事や動作に成長を感じることがあるんです。それを見逃したくないから、平屋の、このスペース感がちょうどいい」

福原さんが平屋にした理由の根本には、母親としての愛情がしっ

ナチュラルな木の質感を生かした住まいに、洗練されたものをミニマムに配置。

かりとあるのです。子どもと呼べる時間との関わりは、長い人生で考えればほんの一瞬。その時を味わい尽くすことができるのも、主婦としての醍醐味なのかもしれません。

そしてまた、きちんとした生活とはどういうことなのかを、子どもに実感として伝えることができる、いちばんの存在は母親です。多様な価値観があるなかで、自らが大切に信じてきた価値観を、言葉とは違った、もっと深く浸透させることのできる行為。それが家庭の営みというものなのでしょう。家事をする福原さんの、生き生きとした所作には、女性だけが持つやさしい輝きが宿っていました。

カゴやブラシなどの暮らしの道具類も、厳選したものだけが揃えられている。

取材時、お昼をもてなしてくれた。季節の野菜をふんだんに使った料理に手づくりのパンなど。どれも手をかけて、そして、あたたかな心が伝わってくる。きちんと整えられたキッチンには、使い勝手のいい道具が並ぶ。

キッチンの奥にユーティリティーがあり、事務作業に必要なPC関連機器などはここに置かれている。さらに奥にクローゼットが設けられ、システマチックな収納が心がけられている。サニタリーは清潔感のある白を基調に。

子ども部屋もシンプルな木製家具を選び、他のインテリアとの統一感を大切に。

子どもたちの絵や工作などをインテリアのアクセントとして飾っている。飾り方も参考になる。

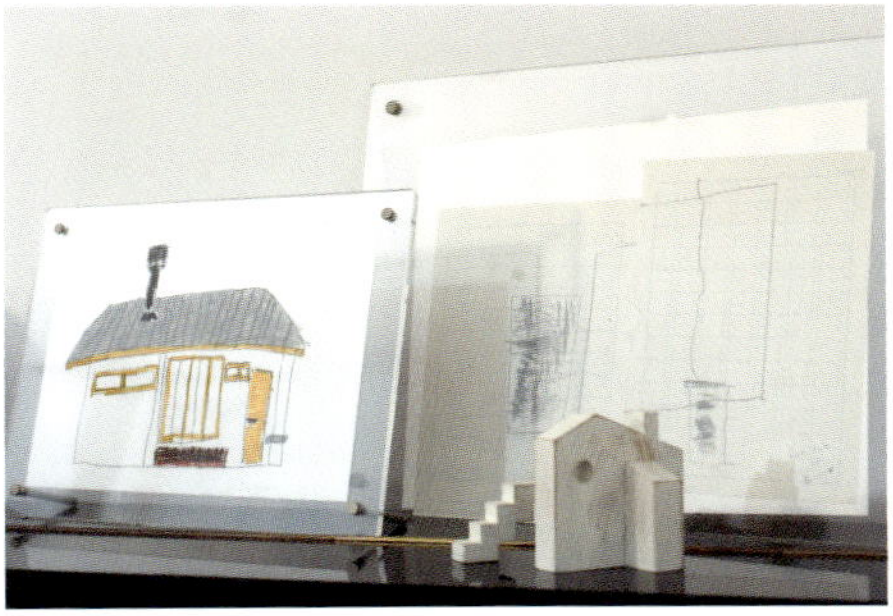

11歳のお兄ちゃんがつくった鳥とサッカーゲーム。どちらも心惹かれて、思わず手に取って見てしまう魅力に溢れる。

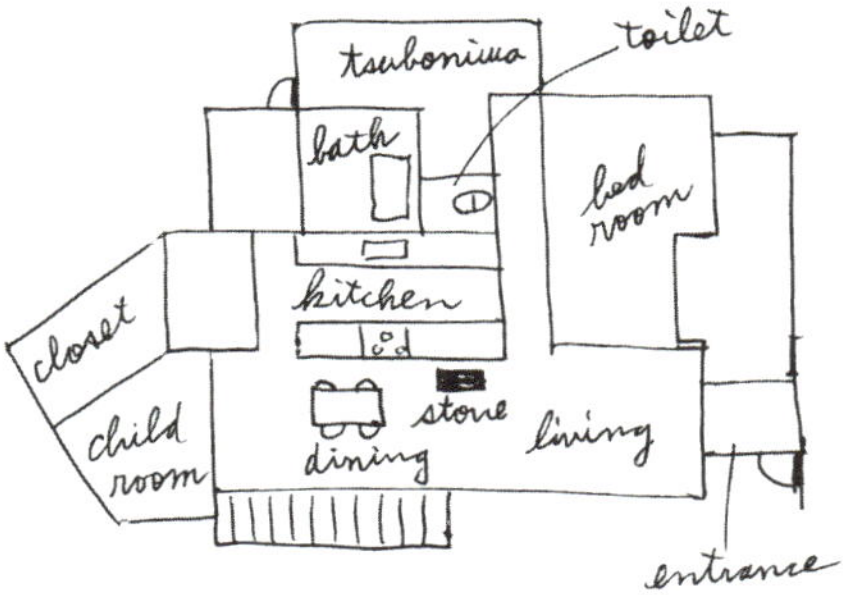

後藤信治さん、由美子さん

自然素材のもの
長く愛用できるもの
自分たちに正直に選ぶ
心地いい暮らしの基本

メンテナンスを施し大切にされてきた家は、築50年以上には見えない。

私たちはこれまで、多くのものを消費してきました。大量につくられたものを消費して、それで経済が元気だったといわれれば、そうなのかもしれない。でも、そうした暮らしに戻りたいと考える人は、おそらく少数でしょう。必要以上にものを持つこと、ゴミをたくさん出すこと、それは環境によくないばかりか、何より心によくないことを私たちは知り始めました。

家という、建物の存在も同様に捉えようとする人々が増えています。平屋はその象徴的存在です。ほとんどの平屋は古屋なのですから。古い家を修繕したり工夫したりして住み続けることに、豊かさや喜びを感じられる、そんな人々がいます。

葦簀とウクレレが海辺の町によく似合う。ウクレレは信治さんの作品。沓脱石にタイルがアクセントにあしらわれているのも、元からなのだそう。信治さんの仕事場に飾られているバラ。作業中の心を癒し、美しいものづくりに寄り添う存在なのだと思う。

後藤信治さん・由美子さんもそうした価値観を持つご夫婦。CGデザイナーから塗師に転職した信治さん。スタイリストから、薬膳のおばんざい屋とアロマッサージを手がけることになった由美子さん。ふたりとも、自分自身の心と体に向きあった結果、現在の暮らしにたどり着きました。

築50年になる家のなかに入ると凛とした空気を感じます。整然としているからなのか、でも、それだけではない気がします。その理由を探ってみると、家のなかのほとんどのものが自然素材。それが、お寺にいるような感覚を与えていたのです。

「我が家には基本ルールがあって、なるべくプラスチック製品を使わないことにしているんです。それ

昔の家は玄関がゆったりとしている。漁場用の箱を収納に活用して楽しいアイディア。

玄関を入ってすぐの居間。和室に似合う設えに PC のデスクも手づくり。

と100円ショップも利用しません」

長く愛せるものだけを選ぶ、その姿勢は、信治さんの仕事である漆器に繋がります。漆器は塗り直しながら代々に渡って使い続けることのできる、日本が誇る木製品です。

仕事と生活の軸が一致している。それはとても幸せなこと。ふたりが終始ほがらかな笑顔を絶やさないのも、生き方に無理がないからなのでしょう。

信治さんの仕事部屋は、腕のいい職人が皆そうであるように整理整頓がいきとどいていました。そこに、庭で摘んだバラが一輪活けてある。その慎ましやかな美しさは、この家族のあり方を伝えているようで、胸を揺さぶられました。

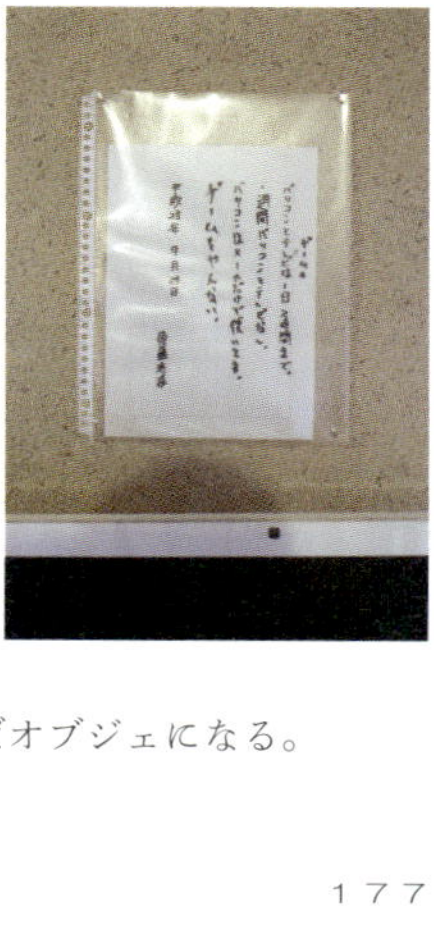

手の込んだ細工の施された丸窓はまさに和のアート。帽子も並べて壁に掛ければオブジェになる。PCの前には長男が書いた約束事が、何とも微笑ましいインテリアになっている。

14歳の長男の部屋は細長いもの入れスペースを利用。由美子さんは床の間にハンモックを吊し、2匹の猫と時々こうしてリラックスする。楽しい暮らしのアイディアのひとつ。

コンパクトなキッチンでも、寸法を合わせてつくった作業台で使い勝手よくできている。味噌をはじめ、保存食を手づくりしている由美子さん。風の通りがいい家は、保存食づくりに適していると教えてくれた。

信治さんの仕事部屋。壁に掛けられているのは手づくりのサーフボード。展示用に製作したものだそう。

ウクレレも展示用につくられた。端正な形は信治さんのものづくりの姿勢を物語る。

信治さんの漆器は、由美子さんが営む「nico」で購入できる。http://nicogohan.exblog.jp/

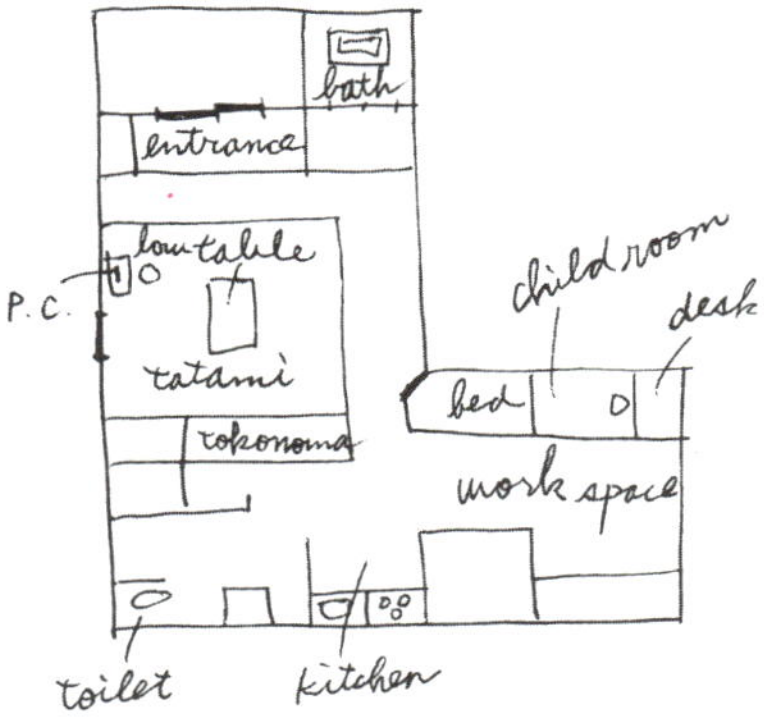

住まいに差をつける
ハウスパーツカタログ

ドアノブやスイッチプレート、
ちょっとしたハウスパーツ類。
そこにこだわるか否かで、
部屋の素敵さに差がでます。
厳選ショップのお薦めをチェック。

「womb」オリジナル壁紙

古紙に転写プリントを施したポスタータイプの壁紙。一枚だけ貼るのもいいけれど、何枚かをコラージュすると楽しい。(womb)

「ファロウ＆ボール」社の壁紙

イギリス製の壁紙はシックな模様とニュアンスのある色遣いが魅力的。受注販売のため入荷には約1ヶ月必要。（ブトン エ パンソー）

クラック模様
専用ペンキ

水性ペンキの上から重ね塗りすることでクラック（ひび割れ）模様を施すことができる。専用ペイントでオリジナリティを。(GALLUP)

バードフック

インテリアのアクセントにもなるように、フックはこんなユニークなデザインのものを選ぶのが正解。（ブトン エ パンソー）

カトラリーフック

スプーンとフォークをモチーフにしたユニークなデザインのフックは、キッチンでツールを掛けるのにぴったり。（ブトン エ パンソー）

艶消しペンキ

アメリカ製の水性ペンキは艶消しタイプで、昔のペンキのような質感が楽しめる。家具のイメージチェンジにもお薦め。(GALLUP)

陶製のシーリング

ペンダントライト用のシーリングも昔は陶製のものがつくられていた。古いものなのでプロに修理と取りつけを依頼して。（桜花園）

真鍮の蛇口

真鍮製品は時の経過とともに美しくなるのが特徴。日本の家庭で昔から愛されてきた、普遍的な蛇口のデザインは秀逸。(womb)

メタルフック

クラシックな雰囲気のフックは、アンティーク風に仕上げたもの。玄関などに取りつけてコート掛けなどに。(ブトン エ パンソー)

真鍮のネームホルダー

引き出し用のつまみがついたネームホルダーは、機能美の代表のような存在。シンプルでしかも美しい。(P.F.S. パーツセンター)

アイアンのドアノッカー

"ピンポーン"というお決まりの呼び出しチャイムの代わりに、クラシックなドアノッカーを取りつけてみるのもオシャレ。(GALLUP)

ナンバーオブジェ

ウォールデコレーションやドアなどにつけて楽しみたいナンバーは、アイアンにラフなペイントを施したもの。(GALLUP)

真鍮のノブ

小さなサイズの真鍮製のノブは、家具の引き出しなどに使いたい。シンプルなデザインはどんなタイプのものとも似合う。(womb)

真鍮プレートコンセント

真鍮のプレートコンセントも日本の古いもの。設置する際は、安全のため自分では行わず必ず業者に依頼すること。(桜花園)

アイアンの棚受け

いい感じに錆びた棚受けは、アンティーク。アールデコな雰囲気がその時代を物語る。ガラスの板を乗せて、洗面所などに。(womb)

ブリキのフック

クラシックなモチーフをかたどったフック。これひとつで存在感は充分。使えるオブジェとして取り入れて。(ブトン エ パンソー)

ガラスのドアノブ

古い時代のドアノブは美しいものが多い。ガラス製は品があってクラシックな雰囲気が素敵。ドアの印象もグレードアップ。(womb)

アイアンのラッチ

シンプルながら機能美を感じさせるラッチ（留め具）。単純なつくりは使い勝手もいいのが魅力。シンプルなドアに。(GALLUP)

ネームプレート

シンプルなチェストなどの引き出しに、こんなアンティークのネームプレートをプラスして。イメージが簡単に変えられる。(womb)

照明用スイッチ

紐を引いて使用する照明用のスイッチ。白い陶器がレトロな美しさを際立たせている。取り付けはプロに任せること。(桜花園)

ペンダントライト用コード

ショップオリジナルのソケット付きのコード。ねじれタイプのコードはインテリア通の間で大人気。(ブトン エ パンソー)

欄間

建具のなかでも欄間は日本家屋が誇る美的意匠の集約されたもの。本来の使い方でなくても、インテリアに取り入れたい。(桜花園)

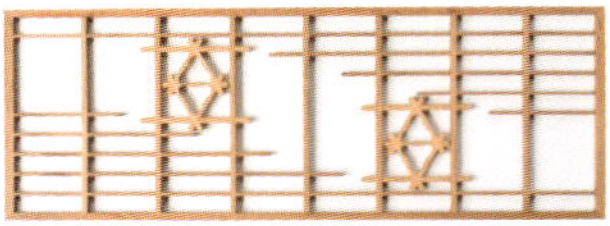

書院欄間

組子細工は欄間になくてはならない意匠。釘など一切使わず、すべて職人の勘で切り込みを入れ組み合わせている。(桜花園)

ガラス入りドア

セルフリノベーションを考えるのなら、建具を替えてみるだけでも印象は随分と変わるもの。古いドアには趣がある。(桜花園)

飾り窓

家の印象を左右する窓は、できればこだわりたいパーツ。古い建具を扱う専門店には、こんな飾り窓も揃っている。(桜花園)

小窓

小さな窓も古民家で使われていたもの。写真ではわかりづらいが、現在ではつくられていない模様ガラスが施されている。(桜花園)

「ファロウ&ボール」社のペンキ

壁や床、家具などをペンキで気軽にイメージチェンジしてみよう。イギリス製のペンキは発色がきれい。(ブトン エパンソー)

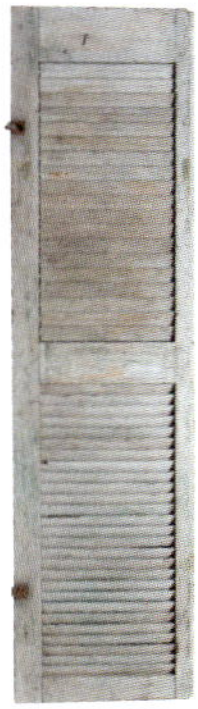

鎧戸

100年前くらいのアメリカ製の建具が揃うショップには鎧戸もある。パーテイションとして使っても素敵に。(GALLUP)

パネルドア

何度も塗りかえされたニュアンスのあるペイントが美しいアンティークの無垢材のドア。100年ほど前のものだそう。(GALLUP)

室内用鎧戸

こちらは室内用の鎧戸で、落ちかけたペイントがブロカントな雰囲気。インテリアのなかでオブジェにしてもいい。(GALLUP)

壁用材木

アメリカの牧場のフェンスとして使用されていた板を壁用材木として加工している。古材を使った家具の製作も頼める。(GALLUP)

床材材木

床材も特殊な加工が施されていていい雰囲気に。壁材としてもOKだそう。こだわりのリノベーションにぜひともお薦め。(GALLUP)

ナンバープレート

ナンバーをモチーフにした雑貨が人気になっている。こんなナンバープレートもインテリアグッズとして楽しみたい。(GALLUP)

プロヴァンスのタイル

水回りやガーデンなどで使ってみたいニュアンスのある色合いのタイル。色の組み合わせを考えるのも楽しい。(GALLUP)

アイアンの蝶番

木製のドアに取りつける蝶番。マットな黒の質感はクラシックにもカントリーにも、どちらのスタイルにも似合う。(GALLUP)

アイアンのフック

フックといえばこの形と、誰にでも親しみのあるデザインが、今またとても新鮮。トラディショナルなものは永遠だ。(womb)

アルミのスイッチプレート

極普通の形であっても、欧文が表記されているだけで素敵度は上がるもの。そんな代表的アイテム。(P.F.S. パーツセンター)

真鍮の表示錠

使用中を知らせる表示錠、実用性もデザイン性も兼ね備えた美しい意匠は、ハウスパーツマニアに大人気。(P.F.S. パーツセンター)

真鍮のハンドル

奇をてらわないハウスパーツは、どんなスタイルにも合い、どんな時代にも古くならない。これはその代表。(P.F.S. パーツセンター)

3口タイプのスイッチプレート

こちらも欧文表記タイプのスイッチプレート。3口というバリエーションがあるのも嬉しい。(P.F.S. パーツセンター)

バードノブ

愛らしい陶器製の鳥がノブとして登場。子ども用の家具などにつけてオリジナルにカスタマイズできる。(ブトン エ パンソー)

デコレーションパーツ

スタッズと呼ばれる鋲は、ファッションアイテムにあしらわれ大人気となっている。インテリアでも上手に取り入れたい。(womb)

樹脂製ドアノブ

アンティーク風に仕上げられた、キャンディーみたいな透明感がきれいなドアノブ。家具にもぴったり。（ブトン エ パンソー）

クロームの表示錠

右ページの真鍮製と同じタイプの表示錠。クロームのクールな輝きは、よりモダンな印象を与える。（P.F.S. パーツセンター）

モノトーンドアノブ

ドアノブはパーツでありながら存在感のあるアイテム。だからこそシックでオシャレなものを選びたい。（ブトン エ パンソー）

陶器製スイッチプレート

白い陶器は清潔感があるのが魅力。リビングなどはもちろん、バスルームやサニタリースペースにも。（ブトン エ パンソー）

陶器のタップ

昔使われていた陶器のタップ。古いものなので実際に使用するには業者に修理を頼む必要がある。こだわりのマニア向け。（womb）

陶器製2口ソケット

こちらも古いもの。ペンダントライト用のソケットだけれど、形がユニークなのでオブジェとして楽しむのもお薦め。（womb）

「協力店リスト」
P.F.S. パーツセンター
☎ 03-3719-8935
東京都渋谷区恵比寿南 1-17-5
ブトン エ パンソー（オルネ ド フォイユ）
☎ 03-3499-0140
東京都渋谷区渋谷 2-3-3 青山 O ビル B1F
桜花園
☎ 046-894-0072
神奈川県三浦郡葉山町上山口 1421
GALLUP EAST SHOWROOM
☎ 03-5639-9633
東京都江東区富岡 2-4-4
Womb
☎ 086-474-0685
岡山県倉敷市児島味野 1-10-19

陶器のフック

白い陶器製の不思議なフォルムのフック。実際は何かの部品だったものかもしれない。自由な発想で使いこなそう。（womb）

情報は 2012 年 1 月現在のものです。180 ページ～ 187 ページに掲載した商品の価格情報は、当社のホームページ（http://www.seibundo-shinkosha.net/）よりご覧頂けます。ホームページトップ画面にアクセスし、ダウンロードボタンをクリック。リンク先へ進みダウンロードして下さい。

「立川空想不動産」に教えてもらう
賃貸平屋物件の探し方

平屋に住みたい。賃貸で平屋に暮らすなら、どんな探し方をすればいいのか、
また、平屋には古屋が多いことから、注意しなければいけないこともありそうです。
そんな平屋探しに役立つ情報や注意点をプロから教えてもらいます。

籾山真人さんと、井上健太郎さんのふたりが中心となって運営する「立川空想不動産」。そのネーミングからして、何だか夢が膨らむ物件を紹介してくれそうです。でも、ふたりが目指すのは既存の不動産屋さんの事業とは少し違っているのです。単に物件の紹介をするだけではなく、街そのものをつくること、その地域が魅力的になるためのブランディングを行うのが目的です。

「僕は立川で育っていますから、この街の特性というものを風景として記憶しています。昔から立川は、文化住宅や米軍ハウスなどが多いエリア。そうした建物を有効活用することは、住む人にとっても魅力的な物件になると思っています」と、籾山さん。

「街づくりは、その地域が元々持っている特性を大事にするべきですよね。そうすることが文化的にも重要だと感じています」と、井上さん。

街の持つアイデンティティーを大切にするふたりから、賃貸物件（特に平屋）を上手に探すコツを教えて頂きました。

物件探しの基本　まず大切なのは目的を絞ること。平屋を目的にするのであれば、エリアや家賃などは大まかな範囲でゆとりを持って考え

「立川空想不動産」
http://www.cuusooestate.jp

る。

平屋物件を探す　現在ある平屋物件のほとんどは古屋であることが多く、そのため一般的な人気物件としては扱われていない。店頭情報になりにくいので、不動産屋に希望を伝え探してもらう。やみくもに何軒もまわるより、信頼できる不動産屋に頼み、時間をかける必要も。

平屋物件の家賃　平屋でリノベーションしてある場合、通常の同等物件より若干高めであることも。数が少ないことで、希少物件になっていることもある。

中古物件の注意点　平屋の賃貸物件は築年数の古いものが多く、雨漏りや隙間風、害虫などのリスクが高い物件が中心であることを覚悟する。契約する際には、そうしたリスクのグレーゾーンについて、きちんと話し合っておくこと。セルフリノベーションしたい場合も、その範囲を明確に知らせ了解を得る。解約時のトラブルにならないようにしておくことが大切。

平屋物件の多いエリア　東京近郊では、多摩エリアが狙い目、そして入間に誕生した「JOHNSON TOWN」は、「立川空想不動産」でも取り扱っている。

古き良きアメリカの面影
「JOHNSON TOWN」で夢の平屋暮らしを実現

アメリカンハウスが建ち並ぶ、住居とショップの複合タウンが
埼玉県・入間市にあります。ここには、古民家も新築も平屋物件が充実。

1954年、埼玉県・入間市に米軍のための住宅が建設されました。玄関の段差のない、靴のまま屋内で生活するスタイルの建物は、いわゆる米軍ハウスと呼ばれる平屋の住宅です。現在も残る築60年を越す建物は老朽化していましたが、そのノスタルジックな雰囲気を愛する人は多く、住宅として借りたいと願う人も後を絶ちません。住宅のオーナーたちは、ここの独特の文化を残すためにも、老朽化した家はリノベーションし、新しく建設する建物もアメリカンハウス様式にこだわったのです。そしていつしかこの街

「JOHNSON TOWN」
http://www.isonocorporation.com/

は、進駐軍当時の基地の名前にちなんで「JOHNSON TOWN」と呼ばれるようになり、現在、120戸以上の住宅と店舗が建ち並んでいます。

この街は、リノベーションされた米軍ハウスと、その雰囲気を継承し現代の建築基準で建設された新築の物件、平成ハウスとで構成されています。そう、ここは、平屋に暮らしたい人にとって打ってつけの街。特に、米軍ハウス好きなら垂涎の的のような存在です。ホームページには、空き物件情報も掲載されているので、チェックしてみてはどうでしょう。

編者　tutto

写真家・森 隆志と、スタイリスト・小澤典代を中心とする編集企画ユニット。書籍や雑誌、PR誌などの制作を手がけている。暮らしまわりの事柄をテーマに、日々のなかにある大切なことを見つめ、その機微にふれられる誌面づくりを心がけている。主な仕事に、小冊子「fu-chi」、書籍「韓国の美しいもの」（新潮社）、「ブロカントのある暮らし」（誠文堂新光社）などがある。

デザイン　藤崎良嗣　五十嵐久美恵　pond inc.
ＤＴＰ　酒井はによ（t-head design）
イラスト　楠 伸生

本当《ほんとう》のゆたかさを育《はぐく》む住《す》まい20軒《けん》
平屋《ひらや》に暮《く》らす　NDC 527

2012年2月27日　発　行
2015年5月　1日　第4刷

編　者　tutto《トゥット》
発行者　小川雄一
発行所　株式会社 誠文堂新光社
〒113-0033　東京都文京区本郷3-3-11
（編集）電話 03-5805-7285
（販売）電話 03-5800-5780
http://www.seibundo-shinkosha.net/
印刷・製本　㈱大丸グラフィックス

ISBN978-4-416-81209-9